大旗出版
BANNER PUBLISHING

大旗出版
BANNER PUBLISHING

南洲翁遺訓

さいごうたかもり

稻盛和夫最推崇的人生經營智慧

前言

日本東京都台東區的上野公園，有著「日本第一園」的美譽。自一八七三年建立以來，它以景色之秀美、人文之深厚而久負盛名。上野公園的所在原是德川幕府的家廟，因而古跡繁多。遊客在欣賞如畫美景的同時，目光也會被離公園大門不遠的一尊銅像所吸引。對於熟悉銅像背後故事的人來說，那裡是整個公園最具日本色彩也是足以代表日本近代歷史的地方。

一八九八年，在明治政府的主持下，這尊銅像被立於上野公園，銅像所塑的人物，一手牽著狼狗，一手握著腰間的劍，目光堅毅，氣勢威武。此人便是與木戶孝允、大久保利通並稱「明治三傑」的西鄉隆盛，一個從外表來看肥胖而憨傻的男人。

西鄉隆盛的確做過一件憨傻的事情。那一年，三十一歲的西鄉為了不讓躲避幕府追殺的朋友獨赴黃泉，與其一起跳海自盡。結果，西鄉被救起，而朋友卻淹死於海中。

所謂憨傻，對出生於傳統武士之家的西鄉而言，實乃武士之職責，這職責是對主君為忠、同輩為誠、親友為愛、國家為義，即大義名分。自二十八歲那年立志勤王，西鄉始終如一地奔走在重建日本的道路上。即便兩番入獄，遭人白眼，甚至被親朋誤解，被主君流放，也無改初衷。

一八六四年，走出牢獄的西鄉寫下了這樣一首詩以明志：

朝蒙恩遇夕焚坑，人生浮沉似晦明。
縱不回光葵向日，若無開運意推誠。
洛陽知己皆為鬼，南嶼俘囚獨竊生。
生死何疑天賦與，願留魂魄護皇城。

對於那段顛沛曲折的日子，西鄉曾這樣說：「行道者，顧逢困厄，立何等艱難之境，事之成否、身之死生，無關也。……予自壯年屢罹艱難，故今遇何事，皆不動搖，實乃幸也。」

忍常人所不能忍之事，擔常人所不能擔之責，故有非常之心、非常之志，才能為人所重，追隨左右。

一八六八年，討幕戰爭爆發。名義上討幕軍統領是熾仁親王，但實際靈魂人物則是任大總督參謀的西鄉隆盛。在西鄉的謀劃下，討幕軍用了約一年的時間，澈底擊敗幕府勢力，日本得以進入交織著變革與衝撞的明治時代。

一八七〇年，功成名就的西鄉隆盛以「功不蓋主」為由辭去所有公職，返回老家薩摩藩。不過，真正令西鄉離開政治中心的是，他看到許多高官追名逐利，窮奢極侈，完全喪失了曾經為國家與百姓身負大義的品德；更令他失望的是，明治政府頒佈並實施了一系列有損下級武士利益的政策，導致下級武士階層在明治維新後生活陷入了困境。

西鄉不能忘記這些與他並肩作戰的戰友，這直接導致了日後西南戰爭的爆發。最終西鄉兵敗身亡，被明治政府奪去所有名銜。然而他在民間聲望卻有增無減，每當有落魄的武士找到西鄉，請求幫助而又不能解決時，西鄉就任其在門口的錢櫃任意取用。

他還曾為了一個參加討幕戰爭的士兵的生活寫信給薩摩藩主，信中寫道：「臨生死之境，使之如私物，事定之後，即行拋棄，影響德義。」

「德」與「義」無疑是西鄉生命中最看重的兩種品格。它取義於傳統思想，又植根於近世的日本，構築起了西鄉獨一無二的精神世界。一如孔子所言：「志於道，據於德，依於仁」所歸無外乎真、善、美三個字。

西鄉隆盛為明治維新的成功建立了不朽的勛業，本人雖遭受不公，但明治政府很快便恢復了他的名譽，這也是其獨特品性得到世人尊崇的結果。這種精神特質隨著日本國力的提升逐漸傳到了大清。在清末戊戌變法到民國初期間，西鄉隆盛幾乎成為當時在中華地區知名度最高的日本人。

一八九八年戊戌變法失敗，梁啟超奉勸譚嗣同逃往日本，譚嗣同告訴梁啟超：「不有行者，無以圖將來；不有死者，無以酬聖主。今南海之生死未可卜，程嬰、杵臼、月照、西鄉，吾與足下分任之。」其弦外之音，是自己願殺身成仁，而勉勵梁啟超能像西鄉隆盛那樣，最終完成維新事業。

次年，梁啟超在上野公園瞻拜西鄉隆盛的銅像，梁啟超很欽佩西鄉隆盛的人格：視富貴如浮雲，視名利為糞土。「近世之豪傑，如西鄉南洲者（西鄉隆盛），殆可謂無欲人矣。」

依信念而活，照理想而行，可謂真人，如稻盛和夫所言「不圖名譽，便很難對付」，生活事業亦如是。「男兒立身唯一劍，不知事敗與功成」，更是體現了西鄉的人格力量，事業的成敗，對於真正的英雄而言，是無足輕重的。

西鄉隆盛獨特的人格和品德，引導的不僅是他自己，更是當世的我們，因為一個真正的英雄，當是超越時代、影響久遠的。人活百歲，終將湮滅，當地位、財產、利益、私欲都隨著肉身的離去而灰飛之時，唯有品德與性情留存久遠。這也是在西鄉死後，他的親朋依其平日所言輯錄《南洲翁遺訓》（其號南洲）的初衷。

本書編錄《南洲翁遺訓》三十六則，以正心、養志、礪心、克己、修器、無私、人本、利他、永續、靜心為主題，重新闡釋西鄉隆盛對人生的體悟。這體悟雖發自百餘年前，但對當下生活於都市中的人們依然有著振聾發聵的現實意義。

作為稻盛和夫先生的同鄉前輩，西鄉隆盛是稻盛從小的偶像、心中的大英雄。稻盛將西鄉的格言「敬天愛人」奉為京瓷公司的社訓。在稻盛的著作《活法參》中，他詳盡地解讀了西鄉人生和西鄉遺訓中的寶貴思想，可以說，《南洲翁遺訓》中所蘊涵的智慧是稻盛最為推崇的人生經營智慧。

事實上，在這個世界上，變的永遠是人心和意志。正因如此，在紛繁複雜的環境中，有的人喪失了信仰，有的人迷失了方向，有的人失去了本心，從而走向了人生正途的反面。有首歌這麼唱：「是我改變了世界，還是世界改變了我？」其實，重要的不是尋找答案，而是問自己，是否依舊秉持著一顆「初心」：

於事業，是否精進；
於他人，是否容納；
於己身，是否磨礪。

當我們能不摻雜私念地問自己的內心時，我們就更加接近西鄉的精神世界。這也正是此書給予我們的幫助。

目錄

卷八　利他　成事的秘訣是永不衰竭的利他心／205

卷九　永續　晚稻式經營才是永續之道／231

卷十　靜心　以從容淡定沉澱人生／259

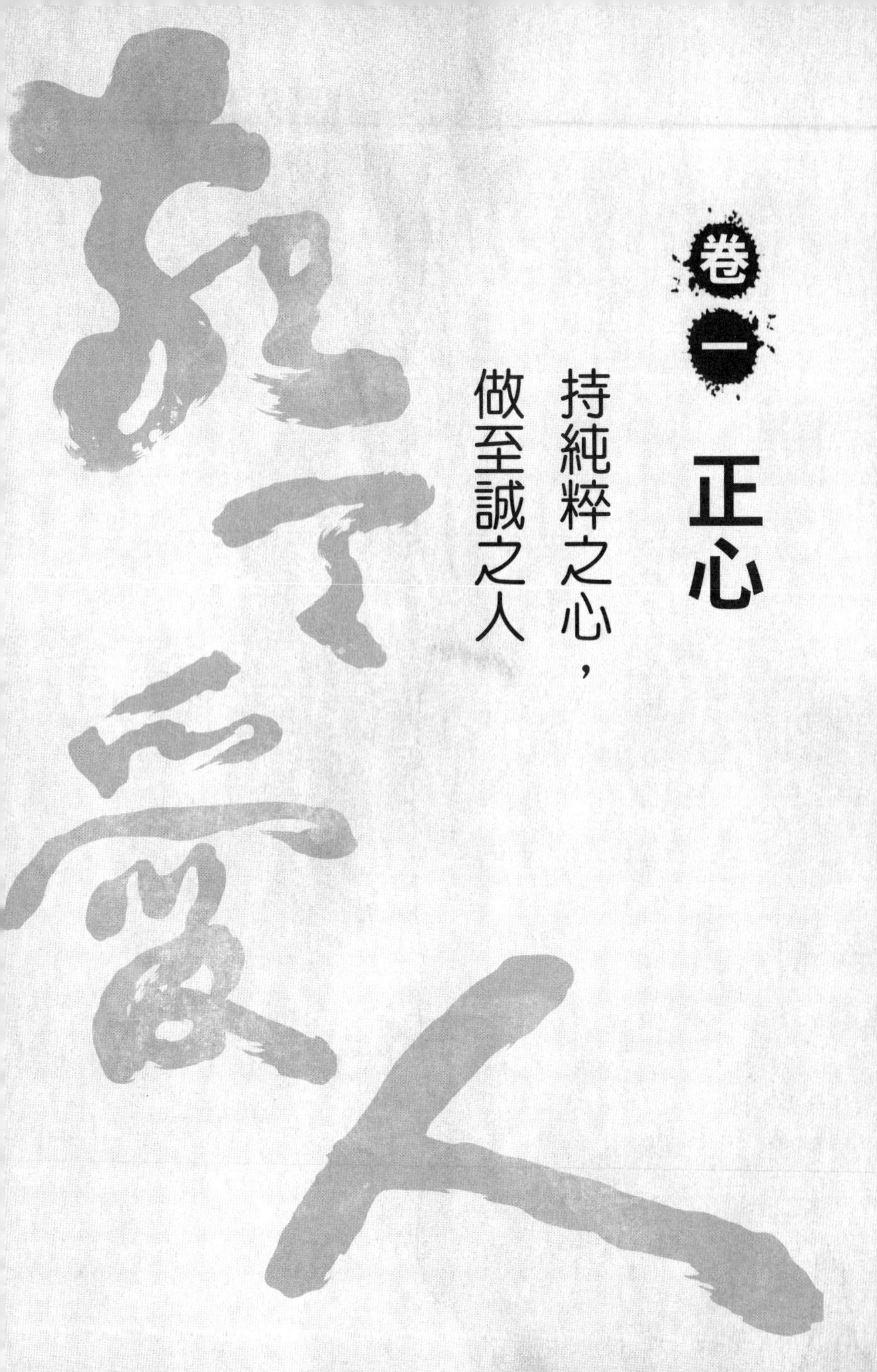

卷一 正心

持純粹之心，做至誠之人

第一則

欲修其身者，必須先正其心。心正者，修身時才不易踏上彎路、入了魔障。沒有自省就難有成長，不下工夫則根基不牢。求大成者並無捷徑可走，修身為先，當日日自我省察，步步腳踏實地。

【遺訓】

修己立人，勿期臨事，事臨則欲克不能。故大成以修身為先。

【釋義】

修己立人，如果只是臨場發揮，是不可能收到實效的。因此，我們要把修身養性的功夫下在平常，循序漸進，最終才能成功。

人生當從無過中求有過

一八五八年冬，島津齊彬暴病而死，身為齊彬最重要的親信而剛剛在日本政界嶄露頭角的西鄉隆盛，迅速從政治的中心跌落。隨後鎮壓倒幕派的安政大獄興起，京都一時間黑雲壓城。作為尊皇運動的重要參與者，西鄉與僧人朋友月照被迫離開。

幕府的搜捕緊鑼密鼓地進行著，政局風雲翻覆，西鄉與他的朋友們第一次陷入絕望。月照是重要通緝犯，在薩摩藩尋求庇護的最後一線希望破滅後，二人決定一同自殺。出於對月照僧人身份的尊重，西鄉沒有用武士的方式結束生命，而是接受了月照跳海的決定。

二人跳海之後又被人救起，或許是西鄉的身體更為強健，在經歷數日昏迷與神志不清後，西鄉活了下來，而月照的靈魂卻永遠留在了薩摩藩鹿兒島灣黑沉、冰冷的海水中。醒來的西鄉對此耿耿於懷，慚愧不已，一是因為朋友已死而自己卻得以苟活，二是因為自己採用了一種武士不齒的死亡方式。當西鄉決定用武士刀結束生命、遵從與朋友的約定時，卻遭到了親友的阻攔，死事未果。

從求死的意念中掙脫出來後，西鄉對生存的意義進行了深刻的思考：活下來的意義是什麼？思考的結果是，西鄉開始堅信將有重大的使命等待他去完成，而這是命運讓他活下來的理由。「人活著的意義、人生的目的到底是什麼？」、「我的這唯一的生命是偶然還是上天的決定？」對於這樣的疑問，西鄉沒有立即做出回答，而是在之後的人生中逐漸接近答案的。

思考生命的意義，首先必須要做的是深刻認識自己。智者懂得明慎之道，明慎之道的根本在於能夠自我省察，瞭解自己的性情，使修養和天性能夠互相平衡。「**故先修身養性而後成也**」，這句話可視為西鄉一生的詮釋。西鄉之用意在於先自我省察，隨後在時時修身、時時精進中省悟人生的意義。

人生是一座為心修行而設立的道場，人生的目的就是在災難和幸運的考驗中磨煉自己的心志和靈魂，在看似平淡的種種經歷中體察生活萬象、體會生命真味。**人之所以來到這個世上，是為了比出生時有所進步，或者說是為了帶著更美、更崇高的靈魂死去**。而生命中的每段經歷都是一個提升能量、昇華自己、使自己向更高和更遠處發展的機會。每經歷一件事情，都作出適當的省察和總結，既可得出提升自己的良方，又可避免犯同樣的錯誤，這也是生活給我們的獎勵。

宋代大儒程頤在談及《論語》時曾說過一番話：「如讀《論語》，未讀時是此等人，讀了後又只是此等人，便是不曾讀。」**只知一味讀書而不反躬自身、思考省察，知識再多也只能是個兩腳的書櫥**。人生亦是如此，應懂得時時自我反省。持己當從無過中求有過，有則改之，才能精進，每過一天都有新的體悟，才不致渾渾噩噩地度過一生。

日本近代有兩位一流的劍客，一位是宮本武藏，另一位是柳生又壽郎，宮本是柳生的師父。

當年，柳生拜師學藝時，問宮本：「師父，根據我的資質，要練多久才能成為一流的劍客呢？」

宮本答道：「最少也要十年吧！」

柳生說：「十年太久了，假如我加倍努力地苦練，多久可以成為一流的劍客呢？」

宮本答道：「那就要二十年了。」

柳生一臉狐疑，又問：「如果我晚上不睡覺，夜以繼日地苦練，多久可以成為一流的劍客呢？」

宮本答道：「你晚上不睡覺練劍，必死無疑，完全不可能成為一流的劍客。」

柳生頗不以為然地說：「師父，這太矛盾了，為什麼我越努力練劍，成為一流劍客的時間反而越長呢？」

宮本答道：「要當一流的劍客的先決條件，就是必須永遠保留一隻眼睛注視自己，不斷反省自己。現在你兩隻眼睛都看著一流劍客的招牌，哪裡還有眼睛注視自己呢？」

柳生聽了，慚愧不已，並從中受到啟發。後來，他終於成為一代名劍客。

要當一流的劍客，光苦練劍術是不夠的，還必須留一隻眼睛注視自己，做到時時自省。做人也是一樣，徒有知識、技巧不能解決所有問題，還要有自省的意識，要有汲取別人的經驗和智慧的能力，由內而外地約束、克制和提升自己，方能日益精進，使智力和體力達到非凡的程度。

倘使一天沒有認識到自己的缺點和錯誤，就是一天安於自是；一天無過可改，就是一天沒有進步。從外省察自己不欺萬物，從內省察沒有敷衍於心，便是為正心修身邁出的第一步。

平日裡反省修身，可以臨事不亂

修身看似是一種玄妙的養性之法，但做起來並不難。

有人說，道德的真正實質是對自己嚴加要求，對身邊的人充滿善意，對社會有所貢獻，而修身也是如此。

西鄉隆盛頗注重修身，他一向崇尚儒家經典《大學》中關於「修身、齊家、治國、平天下」的思想，並提出自己的看法——「修己，臨於萬事欲克而不得」，意思是說，個人只有平日勤於提高德行和學識上的修養，遇事時才能臨場不動搖，迅速找到解決問題的方法，故而有「先修身養性而後成」的說法。這個觀點後來被不少日本當代企業家所接受或化用，應用到自己的生活中。

日本企業家鈴木正三曾提出一個理念：**工作坊就是道場**。這一理念強調的是一個人若能在每天的點滴工作中修行，將每時每刻都當成自我修煉的契機，那麼，所有的煩惱和壓力都將成為自我提升和超越的動力。如果不能將這種精神灌注到生活中的各個方面，則很難在重要時刻有出色的表現。

世上的事絕少一蹴而就的，一個人只有在平時振作精神、修身自治，才能在突發狀況時做到鎮靜不亂。

素有「日本推銷之神」之稱的原一平就用他的親身經歷為我們展現了一個勤於修身、磨煉品格的人的驚人轉變與成長的過程。

原一平，美國百萬圓桌會議終生會員，榮獲日本天皇頒贈的「四等旭日小綬勳章」，被譽為「日本推銷之神」。其實他小時候脾氣暴躁、調皮搗蛋、叛逆頑劣，被同鄉稱為無藥可救的「小太保」。

有一天，他來到東京附近的一座寺廟推銷保險。他口若懸河地向一位老和尚介紹投保的好處，而老和尚一言不發，耐心地聽他把話講完，然後以平靜的語氣說：「你的介紹絲毫引不起我對投保的興趣，年輕人，先努力去改造自己吧！」

「改造自己？」原一平聽到這一說法後大吃一驚。

「是的，你可以誠懇地請教你的投保人，請他們幫助你改造自己。我看你有慧根，倘若你按照我的話去做，他日必有所成。」

從寺廟裡出來，原一平一路都在想老和尚的話，若有所悟。

接下來，他舉辦了專門針對自己的「批評會」，請同事或客戶吃飯，目的是讓他們指出自己的缺點，並把大家的看法一一記錄下來。通過一次次的「批評會」，他把自己身上的劣根性一點點消除了。與此同時，他還總結出含義不同的三十九種笑容，並詳細列出各種笑容要表達的心情與意義，然後對著鏡子反復練習。

他如同繭中之蠶，一天天悄悄地蛻變。最終，他成功了，並被日本國民譽為「練出價值百萬美金笑容的小個子」。美國著名作家奧格·曼狄諾稱他為「世界上最偉大的推銷員」。

「我們這一代最偉大的發現是，人類可以通過改變自己而改變命運。」原一平用自己的行動印證了這句話。可以說，他的「改變自己」與所說的克己、修身養性是相通的。**克己無非就是改變自己的習氣，修身就是提升品格和內涵，養性就是磨平過分的性情和戾氣，**這不正是「改變自己」嗎？

對於時下絕大多數人來說，所能依靠的只有自己。沒有背景，學識不盡理想，生活中難遇貴人……但這些都不是決定人有所作為的關鍵。真正至關重要的是，**決心走哪條路，想成為什麼樣的人，準備怎樣解決自身存在的問題**。

要實現這些，就要在平日裡振作精神，**主動改變自己懶惰、怠慢的性情，確定了想法並付諸實踐，在自治和溫馴中汲取各種生存的智慧。這樣**也就不怕被生活的種種坎坷所羈絆，甚至能把逆境當做前進的助力，幫助自己達到目標。與此同時，你還能對社會有益，成為一個對他人有意義的人。

古語常言：「苟日新，日日新，又日新。」修身不在一時一刻，而是從量變到質變的過程。誠如西鄉所說：「先修身養性而後成。」**與其終日想著如何成為一個大人物，不如先思考大人物的成功歷程，以此來激勵自己和克己修身**，才是眼下迫切需要做的事情。

第二則

人格的高貴在於理性的抉擇，金錢、權力、物欲、情感都不是墮落的藉口。保有一顆純粹的心，堅守內心的正道，誠懇地對人和對事，無論在任何環境，遭受何種痛苦，都能綻放出最美的人性光輝。

【遺訓】

行道無尊卑貴賤之別。概言之，堯舜王天下，執萬機政事，其職乃教師也。孔夫子自魯國始，不為何方所用，屢逢困厄，匹夫而終，然三千徒皆行道也。

【釋義】

人人都能遵循正道去做事，無論是出身貧賤還是出身富貴。堯舜稱王於天下，日理萬機，然而他們的本職卻是老師。孔子從魯國開始就得不到任何國家的重用，幾度遭遇艱難困苦，一生都只是平民，然而他的三千弟子都依正道而行。

不必為身份低微而妄自菲薄

身份和地位並不能決定人的品格好壞，所謂的尊卑貴賤不過是一種外在的、物質的界定，並不能說明一個人品格的高低。那些身處卑微的境地卻能踐行優秀品德的人，往往更能得到世人的讚美與尊重。

西鄉隆盛雖出身貧賤，卻是一個追求高尚德行的人。他說，即使是一介匹夫，只要肯行正道，心中存有大仁大義，也能夠得到心靈的滿足和別人的尊重。在西鄉還是一個藩屬稅務所小辦事員的時候，他就常踐行忠誠仁義，這不但贏得了別人的讚賞，也為自己日後的事業打下了基礎。

其實，**身份和生活的環境永遠都無法玷污一個人的高貴，只要我們自己不放低對自己的要求**。

日本的農民二宮尊德出身貧寒，雖然毫無學識，卻有著高潔偉大的志向。他憑藉著一把鋤、一把鍬，從早到晚披星戴月地耕田勞作，從未投機取巧，本著一顆誠信心，最終通過辛勤的勞動帶領村民將貧窮的村莊發展成富裕的村莊，成就了一番事業。

憑藉這樣不俗的業績，不久，二宮尊德就得到了德川幕府的重用，在宮中和諸侯們平起平坐。儘管此前他未學習任何禮儀，但是舉止言談之間自帶一股威嚴，連神色也極盡尊貴之態。

偉大的人不在於其出身貴賤，而在於人格的高貴抑或平庸。二宮尊德以一介貧寒之身與諸侯分庭抗禮，不卑不亢，就是因為他的所作所為實實在在，毫無虛假，所以他可以坦蕩自信地與諸侯平起平坐，舉手投足間都顯露出令人折服的高貴氣質。

其實，無論是西鄉隆盛還是二宮尊德，都是以誠懇的心和毫不做作的行為得到了他人的肯定。對於儒學有濃厚興趣的西鄉隆盛，從許多古代聖賢身上和自己的經歷中得出了這樣的結論：身份貴賤不會影響人篤行正道，即便地位低微，一樣可以是集美德於一身的人。

所以有人才會發出如此感慨：**人格的高貴在於理性的抉擇**。懂得修身行道的人，時時不忘自我檢討和約束自己，保持人格如同蓮花一般，不受塵俗詬病污染，不為譭謗動搖。

在封建時期的日本，耕田的農民被視為賤民，連出家當和尚的資格都沒有。無三禪師雖然出身賤民，但是他一心向佛，不惜假冒士族之姓，了卻了皈依佛門的心願。

無三禪師後來被眾人推選為住持。舉行就任儀式的那天，有個人突然從大殿中跳出來，指著法壇上的無三禪師，大聲嘲弄道：「出身賤民的和尚也能當住持，究竟是怎麼回事啊？」

就任儀式莊嚴隆重，誰也沒有想到會發生這樣的事情，眾僧都被眼前發生的事弄得不知所措，只好屏息噤聲，觀望事態的發展。

儀式被迫中斷，場上靜得連一根針掉在地上都能聽見，眾人都為無三禪師捏了一把汗。面對突如其來的發難，無三禪師從容地笑著回答：「泥中出蓮花。」

如此佛禪妙語！在場的人全都喝彩叫好，而那個刁難他的人也無言以對，不得不佩服無三禪師的精深佛法。

無三禪師將自己比喻成泥中蓮花並非自矜，而是對高貴的絕妙闡釋。於他而言，只要內心是清淨的，無論身份如何，都不會影響他追尋禪道的真心。以清淨心去禪道，以篤心踐行高貴，這二者道理相同。

人不必為自己出身高貴而沾沾自喜，也無須為自己身份低微而妄自菲薄，只要選擇了踏實的人生，堅定地生活，如西鄉所言「躬行正道」，不放低對自己的要求，卑微者同樣可以活出不凡。

做一個純粹的人

在德川幕府對倒幕勢力進行鎮壓的過程中，身為倒幕藩之一的薩摩藩武士，西鄉隆盛也受到了極大的迫害，他的不少同僚和朋友都犧牲了，好友月照和尚也在鹿兒島死去。飽經流亡日子的西鄉隆盛一度煩悶欲死，但他不想脆弱地結束自己的生命，最終還是振作精神，繼續活下去。多次的流放生涯和逃亡生活令他遭受了無數屈辱，不過他沒有因此氣餒，而是尋機捲土重來，堅持自己的理想和正義之道，以義師的身份成了倒幕的中堅力量。

西鄉總是以古代聖人的事蹟自勉。

他說，堯舜稱王於天下，日理萬機，他們的工作相當辛苦，並非像後世君王那般華麗威風，可是他們卻以忘我的精神擔當起治理天下的重任，因而為後世尊崇。

西鄉對此曾說，**聖人之所以為聖人，在於他們擁有偉大的人格，不管他們經歷了多少苦難，都無法磨滅他們的高貴品性和堅行正道的決心**。

一個人成就的大小與其身份沒有關係，與其得失寵辱亦無關係。人之所以自詡凌駕萬物，在於擁有智慧和堅貞的靈魂和人格。無論出身如何，經歷怎樣，人格不會因此有平庸、高尚與卑劣之分。而人格決定了人的行為，只要擁有高貴的品性，才可能激發人們內心的偉大情懷，讓人變得富有內涵，勇於挑戰各種困境。

唯有人格的高貴才有恆久的魅力，古往今來被世人銘記的具有美德者莫不如此。音樂家貝多芬用音樂感動了很多人，然而在音樂的背後，真正撼動人心的，是他的苦難、他的歡樂、他的勇氣和他高尚的靈魂。

有一次，在利西諾夫斯基公爵的莊園裡，來了幾位「尊貴」的客人，正是侵占維也納的拿破崙下屬軍官。當時貝多芬正住在公爵的莊園裡，公爵請求貝多芬為軍官們演奏一曲。然而貝多芬不願為侵略者演奏，斷然拒絕了公爵的請求，在傾盆大雨中憤然離去。回到住處，他把利西諾夫斯基公爵給他的胸像摔個粉碎，並寫了一封信：「公爵，你之所以成為一個公爵，只是由於偶然的出身；而我之所以成為貝多芬，則完全是靠我自己。公爵現在有的是，將來也有的是，而貝多芬只有一個！」

正像貝多芬說的那樣，這個世界上的確有過無數的公爵，然而，當這些曾顯赫一時的公爵消失在歷史的長河中時，貝多芬卻沒有從人們的記憶中消失。雖然沒有高貴的出身，但貝多芬有不朽的作品，正是它們為貝多芬贏得了無數的榮譽，使貝多芬的偉大形象永存於後人心中。須知後人往往不承認世俗的冊封，他們首肯的永遠是那些讓他們心悅誠服的擁有高貴特質之人。

有位哲人曾說過這樣一段話：**高尚是一種英雄氣質，因為它能激發起各種偉大的情懷**。它使人增加趣味、放寬心胸、拓展視野、提升格調。無論它出現在何處，都非常惹人注目。幸運之神有時生出妒意，試圖把它抹殺，然而它卻昂然脫穎而出。即使環境嚴酷，它也能控制意志，人所有傑出的特質均源於此。

西鄉是一個具有英雄情懷的男子，他的一生都在實行「行正道」的志言，其品格受到了後人的肯定和推崇。然而，一生堅守高尚的舉止並非易事。隨著社會的進步，人們所背負的責任和壓力愈來愈重，使得很多人不得不被物欲所支配，即便想重新找回人格與尊嚴，卻發現不知如何去做。

其實，任何被束之高閣的美德都存在於日常最簡單的言行舉止中：**不要浪費時間在重複他人的生活上；不要被世俗市儈的規則所束縛；不要讓他人喧囂的聲音掩蓋你內心**

真實的想法。

抛開一切偏見，以勇氣聆聽心靈的指示，做一個純粹的人。這樣，你想要成為一個正直而有內涵的人就不是難事。畢竟，擁有精神生活的人比受到物質束縛的人能更早看到光明的出現。

第三則

克己修身最實在的做法就是遇事不主觀獨斷、為人不固執己見、處世當真誠懇切，這樣才能將內心真正清空，以接納和汲取新的智慧，讓自己不斷提升。

【遺訓】

道乃天地自然之道，故講學之道，在於敬天愛人，以克己修身為終始也。克己之真義在「毋意、毋必、毋固、毋我」。

天下後世信仰悅服者，惟真誠二字。自古討父仇之人不勝枚舉，獨曾我兄弟，迄今婦孺皆知，蓋出類誠篤之故也。無誠而為世所譽，僥倖也。誠篤者，縱當下無人知，後世必有知己也。

【釋義】

道指的是順應自然的道理，因此治學的目的在於敬天愛人，以克己修身為目標。克己的真正含義就是《論語》所說的「毋意、毋必、毋固、毋我」，即不主觀，不獨斷、不固執、不唯我。

普天之下能被後世之人景仰並對其心悅誠服的人，其處世的奧秘就是「真誠」二字。自古以來，為父報仇的人數不勝數，其中只有曾我兄弟的事蹟（日本歷史上的三大復仇事件之一）流傳至今，並且家喻戶曉，這就是源於他們擁有一顆超越常人的赤誠之心。如果沒有誠心而仍被世人讚譽，那不過純屬歷史的僥倖。篤信真誠的人即便在當時不受人推崇，但時間會將他們的美好的一面呈現出來，後世也一定會被人發現並名垂千古。

不主觀、不獨斷、不固執、不唯我

《論語》中「毋意、毋必、毋固、毋我」的意思是，不主觀，多聽意見；不獨斷，凡事總有例外；不固執己見；不唯我獨尊。

孔子這番話強調的是生命的必然性與偶然性的關係，也就是將變幻莫測的生命軌跡看做偶然，把生命的延續性看做必然。如果能看透生命二性，就能夠理解所謂的天地大道，做起任何事情來都能順其自然，並保持一顆平常心。

西鄉隆盛把這四點作為修身為學需要尊崇的原則，以此來激勵自己：為人求學須先正心誠意，保持虛懷若谷的心態，不主觀、不獨斷、不固執、不唯我，這樣才能汲取到各種智慧，提高自己的能力。而背離這種原則去為人為學，就會妄自尊大，難有精進。

有時候，生活的種種煩惱正來自於一顆不肯接受他人、只相信自己的心。而過分的自信就是自負，自負的人自然無法從別人身上領悟到智慧，實現自我提升，更難得到他人的理解和尊重。

一個佛學造詣很深的人，聽說某個寺廟裡有位德高望重的禪師，便前去拜訪。進門後，他對大師徒弟說話的態度十分傲慢。老禪師卻十分恭敬地接待了他，並為他沏茶。在倒水時，杯子明明已經滿了，可老禪師還是不停地倒。

他不解地問：「大師，為什麼杯子已經滿了，還要往裡倒呢？」

大師自語：「是啊，既然已滿了，我幹嘛還倒呢？」

禪師的本意是，此人既然自認已經很有學問了，為何還要到他這裡來求教呢？

妄自尊大者對自我失去了客觀評價，認為在這個世界上自己已經足夠博學了，殊不知，這恰恰阻礙了自己獲得更大的智慧。有智慧的聖人則恰恰相反，孔子說：「聰明有智慧的，就以愚拙的樣子來保持；功蓋天下的，就用謙讓的態度來保持；勇力蓋世的，就用怯懦的樣子來保持；天下最富有的，就用謙遜的態度來保持，這就是謙讓再謙讓的方法。」簡言之，就是真正有智慧的人往往是謙遜和虛懷若谷的人。

成功往往很多時候容易讓成功者以為過去的做法和經驗同樣適用於將來。正是因為人在偶然之間獲得了成功，所以喜歡以自己的老經驗為準繩去待人接物，殊不知，這已經落後了。要知道，**成功不在於之前獲得了多少，而在於將來能獲得多少，能擔起多大的重任。**

因此，要時刻保持「毋意、毋必、毋固、毋我」的心態，讓自己成為一個清空的杯子，令自己歸零；保持適度的生存恐懼感，能讓自己隨時處於學習狀態，將每一天都視為一個新的開始和新的體驗。而這一切沒有謙虛的精神是難以做到的。

以謙遜的態度對待他人，滿足別人的要求，才能實現自己的期待；勇於承認他人強於自己，生活才會不斷被充實。**謙遜虛懷的最高境界應該是應有盡有不如應無盡無，而西鄉隆盛「克己修身」的核心就在於此。**

有一顆「至誠純心」

一次，西鄉與幾位同僚臨時被請去觀看戲劇，戲劇演到感人之處，勇猛的西鄉竟毫無避諱地在台下流淚，其真誠坦率之狀就像一個平凡的婦孺，甚至令戲院管理人都倍感意外。

或許有人會因此誤以為西鄉隆盛缺乏政治家的精明和理智，但恰恰相反，正因為西鄉性情所至，反而讓人覺得他是一個有血有肉、是擁有一顆真誠質樸之心的人。

西鄉為人赤誠坦率，處世從不虛偽做作，這些都是他真誠質樸的外在表現。他曾在和朋友品評歷史人物時說：「天下後世信仰悅服者，惟真誠二字。」古往今來，那些人之所以能名垂千古、受人敬仰，皆源於他們擁有一顆赤誠之心。如果有人沒有誠心卻仍被世人讚譽，那大多只是僥倖而已。

先儒孟子曾說：「存其心，養其性。」意思就是保有赤子之心，修養善良之性。人生來便有一顆赤子之心，不沾俗塵，不染汙土。西鄉追求的正是孟子說的赤子之心。

赤誠的心，就是不虛偽造作、實實在在的心態。世上總有些人在事業上不順利，即便擁有資金和能力，煞費了苦心，擬訂詳細計畫，醞釀戰略戰術，仍然一無所獲，**這主要是因為他們心機過重，反受其害。心思單純的人，以簡單純粹的念頭為出發點考慮問題，往往一鳴驚人**。這是因為但凡具備赤誠真心的人，能做到不以個人好惡、恩怨、利害和需求來評判是非對錯，而常以大局為重，兼顧他人的情感和行為，讓自己和他人都能有所表現。當然這也就讓人願意為他們付出忠誠，共同成就大業。

明治維新初期，中央政府中的最高領導階層參議主要是由薩摩藩和長州藩的人主持，可是二者卻未能很好地共融。原因在於兩地的地域差異和意見衝突，以至於朝廷也因此分裂成兩個派系，彼此鉤心鬥角，將維新的成果完全拋諸腦後。

眼見著革命成果將要付之東流，政府將回歸到倒幕以前的狀態，作為當時薩摩藩的首腦人物西鄉深感擔憂。於是他出面主動要求由長州藩的代表人物木戶來主持大局，自己甘願辭職，如此也許能讓政府安定下來全力進行國家改革。

木戶被西鄉的精神所感動，要求西鄉必須擔任參議，否則自己就辭職。眾人見狀，只好去遊說西鄉，希望他為了大局著想。出於對國家的赤誠之心，西鄉擔任了參議，協助木戶實現了廢藩置縣的政策。

此後，西鄉也一再地向長州藩讓步，只求上下一心，精誠團結地為國家出策出力。西鄉並不是因膽小怕事而向長州藩示弱，而是以一顆對國家的赤誠愛國之心，為了大局著想而拋開私心。有人說，有什麼心態就有什麼結果，以真誠的心去觀察事物，眼中就沒有了浮華、寵辱，也沒有了千般妄想和思慮，得到的就不是煩惱，而是寬慰和快樂。

有顆真誠的心，不過就是平時不必盤算太多，能順其自然便順其自然；也不必壓抑自己的情緒，奉承巴結更沒必要，保持應有的人格力量，或許將贏得更多發展的機會和他人的尊重。要知道，用盡心機不如沉心做事，西鄉隆盛一生屢遭危機都能安然渡過，正是因為他做到了沉心而不用機心。

第四則

真誠是美德中永恆的主題。任何對立衝突、怨恨不滿，都能在真誠中消融；任何困頓厭倦、猜忌誤會，都能在真誠中消逝。所以有人說，以誠學習則無事不克，以誠立業則無業不興。西鄉隆盛始終強調真誠為人，也用他的一生踐行著真誠的實質。

【遺訓】

籠絡巧色、陰謀就事者，縱事成，難脫慧眼凌厲，久之醜態必現。君子立人，不以公平誠意相推，天下英雄不歸心。

事無大小，踏正道推至誠，凡事不可使詐謀。人臨障礙，多愛用計，一旦事暢，後伺機而動。然計必生煩，事必敗矣。

【釋義】

巧言令色卻包藏禍心的人縱然一時得逞，也會被明察秋毫的人識破，就會醜態畢現。想要成為君子，如果待人不秉持公平，沒有誠意，就不能讓天下英雄賢達的心歸順自己。

無論是大事還是小事，都應該依循正道、以誠心為之，凡事不能耍陰謀詭計。很多人在遇到阻礙時大多喜歡使用計謀，一旦前路無阻，便會伺機而動，以求順利解決問題。然而計畫後必定出現後患，長遠看來必會失敗。依正道行事，看似繞了彎路，但如果先行正道一步，就會早一步成功。

以寬厚心待人，以公平心處世

一八六八年，西鄉隆盛在日本東北港口柏崎指揮了一場戰役，對手是聯盟軍的莊內藩。在莊內軍隊宣佈投降後，西鄉下令自己的部署收繳佩刀後空手進城，這是為了避免處於戰鬥亢奮情緒中的將士們進城後屠殺劫掠。另一方面出於對對手的尊重，西鄉允許莊內藩的武士保留佩刀，隨後不久，他即命令自己的軍隊迅速有序地撤出莊內藩。而就在此前一年的交戰中，莊內藩還曾放火燒毀了西鄉的薩摩藩府邸。

西鄉隆盛的寬宏大度令他的敵人倍感意外，很快莊內藩戰敗者的仇視態度便轉變為對西鄉隆盛及其部署的由衷尊敬。

莊內一役成為西鄉隆盛戎馬生涯中最精彩的一筆，也是西鄉一生中被人提起次數最多的事。後來他回顧這段經歷時說：「君子立人，不以公平誠意相推，天下英雄不歸心。」即對人應秉持公平和赤誠寬厚之心，否則難以聚攏天下英雄，所以即便是面對敵人，西鄉也堅持寬厚公正的為人處世的原則。

能容人者能得人。西鄉只是將保有寬厚之心與公正處世作為自身修養的一個方面，其目的並不是要收攬人心，但是他卻因此威信倍增。可以說，寬厚之德、公正之心是西鄉能夠得到他人肯定和尊重的重要因素之一。

寬厚和公正毋庸置疑是一種美德，同時也是一種正面的影響力。這種影響力不是強迫別人接受你的觀點，不是討價還價，不是強人所難，而是以仁慈之心感染他人，以寬容之心瞭解他人的想法，以謙卑的姿態來對待周圍的人和事，令他人不自覺地追隨你。

戰國時期的孟嘗君便是頗具「君子之德」的人。他在自己的領地上廣招門人食客，並給予優厚的待遇，於是天下有識之士競相投奔歸附。一時間，食客達數千人，影響甚大。

秦國對孟嘗君的才能深為恐懼，便使用了離間之計，使孟嘗君失去了齊國相國的職務。樹倒猢猻散，他的食客們也接二連三地離開他。後來，他的食客中有一位叫馮諼的人，用計使孟嘗君官復原職。孟嘗君曾感歎地對馮諼說：「我對待客人很熱情，在招待上也沒什麼疏忽，以致食客人數達到了三千有餘。但是我一失去地位，他們就全部背棄我而去，沒有人來看望我。幸好有你助我一臂之力，才恢復了地位。看那些傢伙有什麼臉面再來見我？如有人厚著臉皮回到我這兒來，我必將朝他臉上啐唾沫並大加羞辱。」

而馮諼卻對他說：「富貴時，大家都來投奔；落魄了，朋友四處流散，這是理所當然的事。您看菜市場，早晨人們熙熙攘攘，到了晚上就變得空空蕩蕩了，這並不是人們喜歡早晨，討厭晚上，而是因為早晨有要買的東西，所以人們聚集到市場上，而晚上沒有東西可買，人們就不會去市場了。食客們由於您喪失地位而離開您也是同樣的道理，也是因為他們所求的東西沒有了，所以您不應該記恨他們。」孟嘗君聽馮諼這樣一說，立刻心領神會，設身處地地以食客的身份思索良久，決心不再記恨他們，一如既往地對待再次歸附到他門下的食客們，顯露一派君子風度。

孟嘗君以君子之德容人過，所以盡得人心，其德行一直為後人所讚賞。

「君子立人，不以公平誠厚相推，天下英雄不歸心。」西鄉所言的誠厚和公平，便是傳統儒家所提倡的仁與德。在他看來，越是仁德的人，越是胸懷寬廣、睿智從容、公平無私，便越能受到他人的敬仰，受到他人追隨。

以寬厚心待人，以公平心處世，可以從以下幾方面著手：

一留口德，知人不必言盡；

二有心量，責人不必苛盡；

三有內涵，不必恃才傲物；

四則寬容，得理也要饒人；

五則謙退，不必急功近利；

六則內斂，避免鋒芒露盡；

七則厚道，凡事留有餘地；

八則存些福德，富貴不必享盡。

以此八點修身待人，人生無不坦然，身邊自有親切可信之人。

守誠是一種生存資本

即使經歷腥風血雨的錘鍊，西鄉隆盛也沒有改變自己的誠懇品格，這一點讓他始終能得到同志甚至敵手的敬佩。西鄉的至誠最直接地反映在他對上級、對朋友、對革命的忠誠上，以及他所篤信的君子風範。

西鄉剛剛在島津齊彬（薩摩藩十一代藩主）手下辦事的時候，就對藩主有著近乎狂熱的忠誠。當時齊彬和其子都患了痢疾，齊彬很快就好了，但是他的兒子卻死了。西鄉認為這很可能是齊彬的弟弟島津久光做了手腳，令齊彬後繼無人，這樣久光就可以讓自己的兒子繼任藩主之位。對此西鄉發誓即便是付出自己的生命也要為小主人報仇。

除了對藩主的忠誠以外，西鄉更是一個重視友誼的人，他認為只有誠心才能交到知心的朋友，所以他將朋友視如生命一般重要。當月照死了之後，西鄉曾幾次自殺殉友，都被親友阻攔下來。而西鄉對於革命的赤誠更毋庸置疑。於他而言，守誠是生命中最重要的一部分。所以西鄉一再強調「事無大小，踏正道推至誠，凡事不可使詐謀」。

固然，人們在做某些事情的時候需要運用計謀，但是策略計謀的運用只有以真誠為前提才會產生事半功倍的效果。倘若違背真誠，那麼計謀一旦落空，必然會損人不利己，後果不堪設想。所謂「計必生煩，事必敗矣」，便是如此。

日本戰國時期，剛滿二十歲的德川家康與尾張國的織田信長立下盟誓，要輔佐後者打天下。織田信長死後，身為重要盟友的德川家康希望自己可以接管織田信長的兵力，不想卻被草民出身的豐臣秀吉搶了機會。

德川家康先是與豐臣秀吉敵對，後來，豐臣秀吉再三邀請他聯手平定戰亂，並多次表達出自己的誠意，於是德川家康最終答應了豐臣秀吉的請求。

在與豐臣秀吉一起出兵攻打小田原城的時候，豐臣秀吉所帶的貼身隨從常常很少，德川家康的家臣井伊直政悄悄勸道：「現在正是除掉秀吉的好機會，不要錯過啊！」但是德川家康卻搖搖頭，說：「我既然接受了秀吉的託付，就不能做這樣背信棄義的事。能否取得天下是由命運來決定的，人力無法挽回。」

德川家康一生都信守諾言，與織田信長立誓之後，他對織田信長的事業傾盡全力，直到織田信長去世；與豐臣秀吉結盟之後，他又曾安排好身後之事與豐臣秀吉共赴戰場。

德川家康開創的德川幕府能夠維持整整兩百年，其個人魅力是一個重要因素。他守誠篤信的行事風格是其受到廣泛支持的主要原因之一。

「誠」字只有一訣，卻詮釋了大德中最關鍵的一點。孔子曾言：「人而無信，不知其可也！」。「無信」即是無誠，這種人無法得到他人的信賴，更不會成為能擔當大任的人物。

可以說，守誠是一種生存資本。圓滑精明可能帶來短暫的利益，但不能帶來一生的成功，就如西鄉所言，即便用盡了心機，等到無計可施時，終將一事無成。**所以，西鄉才「踏正道推至誠」，強調運用誠信來掌控情感與決策，在面臨利益和道德時，能夠在獲取利益的同時不傷道義**。能夠兼顧兩者的人，往往會得到他人更多的信任，並被賦予更重大的責任。

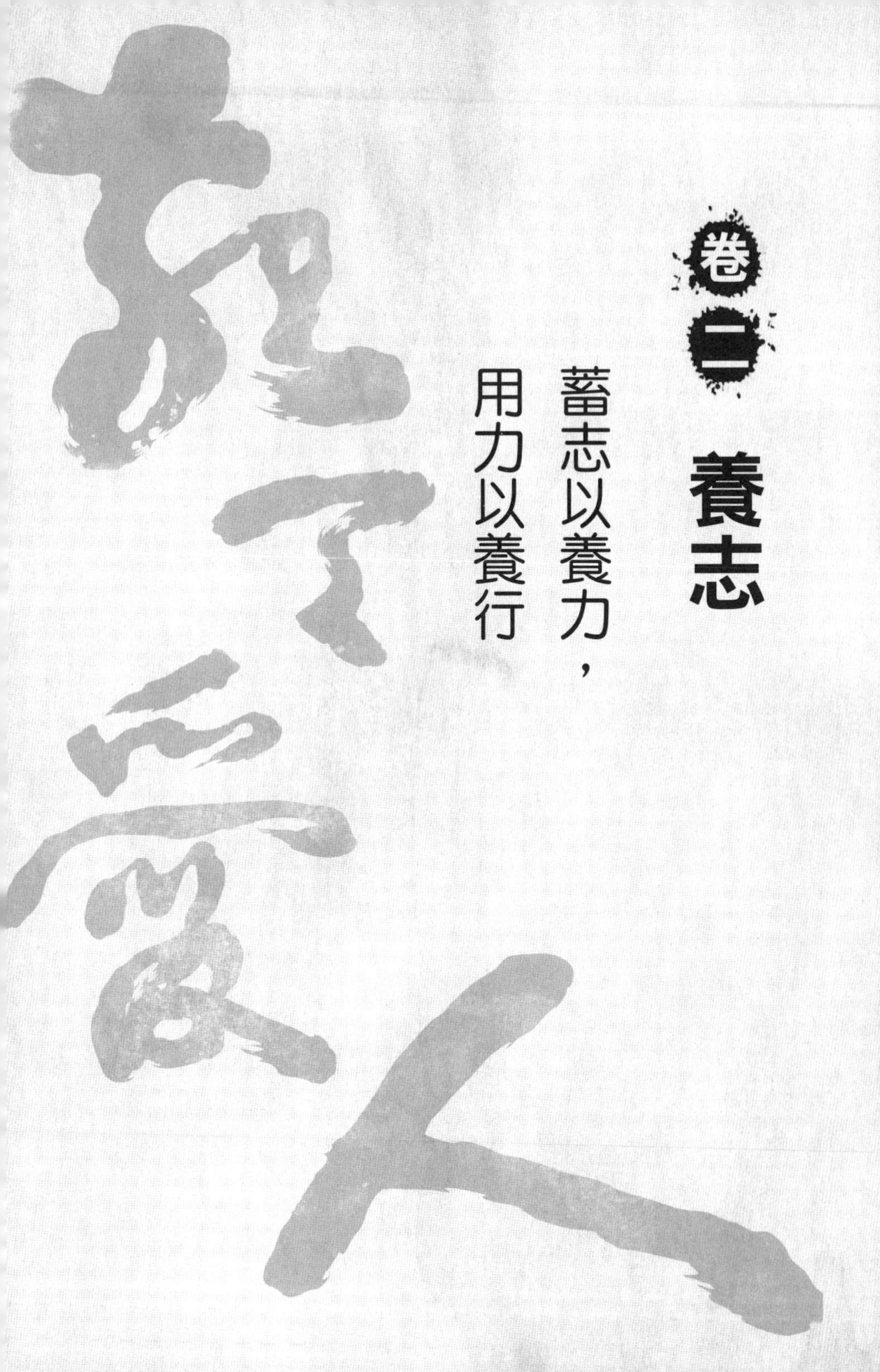

卷二 養志

蓄志以養力，
用力以養行

第五則

有希望和理想在的地方，煎熬也是一種快樂。做人最大的滿足在於通過奮鬥實現理想，選擇拚搏就意味著要風雨兼程，遭遇失敗則意味著還要更加努力。

【遺訓】

曾做七絕以示：「幾歷辛酸志始堅，丈夫玉碎愧磚全。一家遺事人知否，不為兒孫買美田。」

西鄉曰，若有違，言行不一，則人盡可唾。

【釋義】

西鄉昔日做了一首漢詩七言絕句：「幾歷辛酸志始堅，丈夫玉碎愧磚全。一家遺事人知否，不為兒孫買美田。」意思是說，一次次經歷艱辛苦難後才能堅定志向，真正的大丈夫寧為玉碎不為瓦全。我自己有傳家之訓不知外人知不知道，那就是不為子孫購置良田，也就是不為後代留財產。西鄉說，如果日後有人違背此言，言行不一，任何人都可以唾棄他。

最困難的時候最接近成功

西鄉隆盛從底層社會一路走到日本政治的中心，成就不凡的人生，與其少年立志有很大關係。他從少年時代就胸懷大志，成年後，曾做了一首七絕詩表達心意，教育子輩。詩曰：

幾歷辛酸志始堅，丈夫玉碎愧磚全。
一家遺事人知否，不為兒孫買美田。

西鄉借這首詩表達了自己的心意：大丈夫立志須堅定，不管遭遇怎樣的辛酸艱難，都要有矢志不渝、寧為玉碎不為瓦全的氣概。

立志成大事的人絕不能害怕其中的艱辛，有悲傷、快樂和痛苦相伴才是人生。今天總要過去，明天充滿未知，每天都活得充實且沒有遺憾才是我們應該做的事。在實現志向的過程中，也許會遇到無數困難，但最困難的時候往往就是最接近成功的時候。磨礪夠了，成功也就到了。選擇一個目標並堅持下去將會達到目標。唐朝鑑真大師以「為大事也，不惜生命」的精神去日本弘揚佛法。在途中他幾度揚帆都未能成功，困在海中孤島兩年之久，雙目失明，但他從未放棄東渡的目標。經過十二年的艱苦嘗試，鑑真大師終於在第六次航行時成功東渡。

不曾犧牲和付出，很難有所得，通往夢想的道路通常都是佈滿荊棘的。生活中的苦澀，使人失望流淚；漫漫歲月的辛苦掙扎，催人衰老。沒有百折不撓的意志，難以應對種種磨難。

人生之路崎嶇泥濘，但只有泥濘的路上才會留下腳印，世上芸芸眾生莫不如此。

一九八一年九月，孫正義在大野市創立日本軟體銀行，資本為一千萬日元。創業之初，困難重重，在別人公司的一間房子裡只加了兩張桌子，軟銀帝國就這樣開張了。公司成員除了他自己之外，只有兩名以前幫他做市場調查的職員。孫正義將一個裝蘋果的箱子搬進辦公室，站在箱上對兩名下屬進行就職演講：「五年以內銷售規模達到一百億日元；十年以內達到五百億日元。要使公司發展成為幾萬億日元、幾萬人規模的公司。」僅有的兩名下屬卻認為他不正常，被嚇跑了。

孫正義談到自己的生意經時說：「要和別人合夥，一開始就要策劃和最大的公司合夥，這是我的觀點，為此也盡了全力。一旦合作成功，剩下的你不用說就能做好了。」「一旦下決心成為第一，便積極朝著這個目標努力邁進，這是我個人的工作信仰。只要我集中所有的精力，成功建立起日本第一的地位，那麼以後就算什麼事都不做，公司業務也會持續增長。」

俗語說：「為大事，何懼風雨。」當初，孫正義曾投入八百萬日元租最大最好的電子展攤位，以致窮到連長途火車票都捨不得買，但換來了他的「人生五十年計畫」的首戰告捷。

而西鄉隆盛的一生，亦如孫正義一般，也是不斷實現自己志向的過程。由少壯勵志到年長豪邁，無不呼應著他少年時代的志向。他的堅強意志使他從一個平凡的少年成長為一個偉大的人物。

不過，西鄉雖矢志不改，但也能理性地判斷形勢與現狀，從不盲目蠻幹。由此可以看出，要成大事既要不失理想，又要講究實際，空有一股激情，不能運籌帷幄，也是會吃虧的。成功之路難走，是因為它有千萬種崎嶇坎坷，但有時成功之路也可以化作坦途，這需要有明確的目標和睿智的判斷，以及堅持不懈的毅力，這就是人們總結的成功路上的三盞燈。

第一盞，方向之燈。首先自己要立下志向，失敗者常常預想失敗的不良後果，而成功者則設想成功的獎賞，堅定不移地朝著目標前進。

第二盞，進取之燈。回顧並更新自己的目標，不斷向新的高度攀登。

第三盞，夢想之燈。成功者不過是爬起來比倒下去多一次，無論遇到什麼困難，都心繫夢想，以百折不撓的精神去戰勝挫折。

如果人的一生能夠保持這三盞燈不滅，夢想就可能轉化為現實，成功也就在不遠處。

有熱情，再帶點偏執

每個人都希望在自己的生命歷程中取得令人矚目的成績，雖然這並不是一件容易的事，但我們並不能因此放棄追求卓越的努力。每一次對自我的超越，每一次辛勤的勞動，可能得不到最好的結果，卻在一步步走向更好。其實，人生中最精彩的不是實現理想的瞬間，而是堅持理想的過程。

西鄉隆盛告訴家人，自己沒有什麼財富留給他們，但是他認為自信、志向、節操是一筆更為豐厚的遺產。對西鄉而言，良田財富終有用光的那天，但是精神傳承卻可以生生不息，讓人保持力量，因此，他說「不為兒孫買美田」。他留給後人最為寶貴的精神遺產之一，就是他對理想堅定不移的追求。一個人不一定做每件事情都能夠取得卓越的成績，但可以要求自己追求更好的結果。

世界上那些在某方面取得卓越的成績、為大眾所矚目和敬仰的菁英、成功人士，大多有過被人們視為一根小草的時候，受到輕視和不屑的遭遇，但他們正是憑藉自己的偏執，最終實現了自己的理想，取得了令人欽羨的成就。大多數人之所以平凡，之所以還未成功，是因為他們一遇到困難就會放棄自己的理想與目標，不夠堅持，不夠「偏執」。西鄉始終堅持自己的政治理想，為下級武士謀福利，即使他的政治理想與後來薩摩藩的實際掌權者島津久光相左，還因此被島津久光兩次流放，他始終沒有放棄自己的理想。明治維新之後，大久保利通等人的政治策略漸漸違背了他的維新大業的原意，他兩次憤而辭職。最後，他在西南戰爭中兵敗，自刃而死。

西鄉用自己的親身經歷告訴他的弟子後輩：大丈夫要有寧為玉碎不為瓦全的氣魄，有時甚至不妨走一點極端，要求自己追求卓越，敢於做理想的偏執狂。

偏執並不一定是性格的弊端，有時候偏執是生存的動力和成功的原因。「只有偏執狂才能生存」，英特爾董事長安迪．格魯夫曾經這樣說。他對英特爾公司的貢獻就在於他將英特爾公司重新定位，使之從記憶體製造商轉型為電腦領袖，而他自己也成為領袖中的領袖。

英特爾最初的定位是記憶體公司，但在低價高質的日本記憶體市場的擠壓下，英特爾面臨著被擠出記憶體市場的危機，而這個市場正是英特爾一手開發和領導的。公司一度出現連續六季虧損的情況，英特爾管理高層就是否放棄記憶體的經營展開了激烈爭執，產業界也都在懷疑英特爾面臨這一危機是否能生存下去。而英特爾高層遲遲做不了新的決策，使得經濟損失越來越大。

英特爾在危機之中搖搖晃晃地過了一年之後，格魯夫與董事長兼首席執行官摩爾談論公司的困境，格魯夫問摩爾：「如果請一位新總裁應對公司困境，你認為他會怎麼做？」摩爾說新總裁會放棄經營記憶體。格魯夫聽完後認為與其讓他來做，為什麼我們不自己做，於是下定決心轉變經營策略。

格魯夫的決策一出，引起了公司所有人的反對，在業界和消費者心中，英特爾就是記憶體的品牌。英特爾不做記憶體，做其他的能做好嗎？不做記憶體的英特爾還是英特爾嗎？但格魯夫堅持自己的決定，他在一片反對聲中堅決放棄了記憶體生產，而把重點放在微處理器的生產上。

事實證明，格魯夫的轉型對英特爾具有重大的意義，作為新的微型電腦公司，到一九九二年時，英特爾已經成為世界上最大的半導體企業，成為行業的領頭人。

格魯夫是如此堅定自己在危機時刻轉折的信念，才使英特爾在危機中生存下來。

在大眾的眼裡，偏執是一種不被他人理解的扭曲行為，這種看法有失偏頗。理想的偏執狂更能夠排除外界干擾，全然專注於自己所做的事。他們一旦認準信念，就不會輕易改變，他們會集中自己全身的力量投入到自己的事業中，用一點一滴的努力換來突飛猛進的進步和實質的飛躍。

要實現目標，光有理想是不夠的，還要有熱情，帶一點偏執，並以此作為內在驅動力，激發潛能。但是要注意的是，拒絕他人意見的偏執會導致自大自負，理想的偏執應當對意見和資訊保持最大限度的接納，這是保證偏執不失度的原則。

偏執更表現在不管遇到怎樣的失敗都能堅持自己的理想。**如果失敗之後還能呼吸，那就不要灰心喪氣，再艱難也要振作；如果痛苦之後夢想不滅，那就繼續努力地追求夢想，要知道，很多改變就在於我們下一秒的忍耐。如果我們還能承受，就別輕易說放棄，堅持雖然很累，但放棄卻會造成終生的遺憾。**

西鄉隆盛一生都在自己強烈的理想意志驅動下保持積極樂觀的精神。幾番浮沉，有輝煌得志，更有艱難失意，不管最終結局如何，勇敢且執著地走在崎嶇的路上，這本身就是智者所為。

第六則

人才是現代社會的財富，有的人可以說是天生的人才，但後天的種種劣習使自己漸漸淪為平庸。而有些人可能天生算不上有才，但經過後天的努力使自己在某些領域成為舉足輕重的權威。所以，人才寶貴，更為寶貴的是成為人才的強烈意願。

【遺訓】

人乃第一至寶，已成其人之念甚緊要也。

【釋義】

人才是制勝的第一至寶，但有成為人才的意願更為重要。

不求與人相比，但求成就自我

古人說「域中有三大」，天大地大人大，人可以與天地相並立。西鄉隆盛對此慨歎說：「已成其人念甚緊要也。」在這句簡短的話中，是西鄉對意志的一些看法。

善於駕馭自我命運的人，是真正的勇士，因為他能追隨自己的心靈，而不被各種評斷所左右。孟子曾言「當今之世，舍我其誰」，這樣強烈的自我意識，在今天卻被很多人遺忘了。而我們的人生往往是根據我們的自我定位來決定，你認為自己很重要，就能夠變得很重要；你自視卑微，就真的有可能會低到塵埃裡去。

要正確地評估自己，不要妄自菲薄，也不應盲目尊大。太自我的人會被指責為自大，太自卑的人連承受指責的勇氣也沒有。每個人都是至寶，都是自己的貴人，只有那些擁有堅定自我精神的人，才能在凡塵洪流中把握命運，成就自我。不求與人相比，但求超越自己。劍橋郡的世界第一名女性打擊樂獨奏家伊芙琳．格蘭妮的成長經歷便是對這句話的絕佳印證。

伊芙琳．格蘭妮成長在蘇格蘭東北部的一個農場，八歲時開始學習鋼琴。但不久以後，不幸的事降臨了，由於難以康復的神經損傷，她的聽力逐漸變弱，醫生斷定她在十二歲時將澈底耳聾。可是，她對音樂的熱愛並未就此停止。

她的目標是成為世界上第一位打擊樂獨奏家。為了演奏，她學會用不同的方法「聆聽」其他人演奏的音樂。她只穿著長襪演奏，這樣就能通過身體和想像感覺到每個音符的震動，她幾乎用所有的感官來感受她的整個聲音世界。她決心成為一名音樂家，而不是一名耳聾的音樂家，於是她向倫敦著名的皇家音樂學院提出了申請。

她的演奏征服了所有反對他的老師，獲准入學，畢業時她榮獲了學院的最高榮譽獎。

從那以後，她的目標就是成為世界第一位專職的打擊樂獨奏家，並且為打擊樂獨奏譜寫和改編了很多樂章，因為那時幾乎沒有專為打擊樂譜寫的樂譜。

至今，伊芙琳．格蘭妮作為獨奏家已經有十幾年的藝齡了，醫生的診斷並不意味著她的熱情和信心不會有回報。她曾說：「從一開始我就決定：一定不要讓其他人的觀點阻擋我成為一名音樂家的熱情。」

伊芙琳．格蘭妮的經歷，是一種強烈的自我意識的體現。前進的理由只要一個，後退的理由卻可能有一百個。有些人找一百個理由證明他不是懦夫，卻從不用一個理由證明他是勇士。這是因為他們並不相信自己。

西鄉曾坦言，人的生命非常有限，所以不要浪費時間在重複他人的生活上；不要被教條束縛，不要被外界喧囂的聲音掩蓋住自己的心聲；要有勇氣，聽從心靈和直覺的指示。

雖然我們都可能會遭遇失敗，但事實上只有失敗的人，並沒有失敗的英雄。沙子與珍珠的不同在於，前者一生只把自己鋪在沙灘上，而後者從一開始就確定要成為珍珠，所以漲潮的時候，它會義無反顧跳進蚌的嘴裡經受磨煉。

西鄉說：「人乃第一至寶，已成其人之念甚緊要也」，他非常堅持自我的重要性。靠山山會倒，靠水水會流，人能信任的首先應該是自己。所以，走好自己的路，不要習慣沿著別人的腳印走，這個經驗任何時候都不老套。

要成為大人物，先有成為大人物的想法

很多人都希望從成功者身上找到通向成功的捷徑，西鄉隆盛也不例外。他說，要想成為大人物，首先要有成為大人物的意願，此即「成其人之念」的內涵。生活是大膽的冒險，或者是平淡無奇，都取決於人的自我定位。縱使你的想法看上去自不量力，也要在心中立下一個「大目標」，並向著這個目標努力。

當然，有了想法未必能成功，但沒有想法的人肯定不會成功。在大處著眼，從小處著手，才可能獲得成功。

在威斯敏斯特大教堂的墓碑林中，有一塊墓碑，墓碑上刻著這樣的話：

當我年輕的時候，我的想像力從沒有受過限制，我夢想改變這個世界。

當我成年以後，我發現我不能夠改變這個世界，我將目光縮短了些，決定只改變我的國家。

當我進入暮年以後，我發現我不能夠改變我的國家，我的最後願望僅僅是改變一下

我的家庭。但是，這也不可能。

當我躺在床上、行將就木時，我突然意識到：如果一開始我僅僅去改變我自己，然後作為一個榜樣，我可能可以改變我的家庭；在家人的幫助和鼓勵下，我可能為國家做一些事情。

然後，誰知道呢？我甚至可能改變這個世界。

許多世界政要和名人看到這篇碑文時都感慨不已。當年輕的曼德拉看到這篇碑文時，頓時有醍醐灌頂之感，覺得從中找到了改變南非甚至整個世界的金鑰。回到南非後，這個原本贊同用以暴抗暴來填平種族歧視鴻溝的黑人青年，改變了自己的思想和處世風格。他從改變自己、改變自己的家庭和親朋好友著手，歷經幾十年，終於改變了他的國家。

想法是一切成功的起源，是一把雕刻刀，握緊它，人可以塑造一個理想中的自己。世界上最大的未開發資源不是南極洲或者非洲沙漠，而在你的大腦。西鄉隆盛就是憑藉自己的想法，經過了幾十年的歷練，形成了開闊的思路和「想法能夠改變一切」的積極心態。

有了想法，並且有了將想法付諸行動的意志，我們才能夠走向成功：

沒有機遇，我們可以趁勢製造機遇；

沒有財富，我們可以尋找合作夥伴；

沒有人脈，努力之後也能建立屬於自己的關係網……世界上所有的財富都是依靠思路作為牽引的，沒有一種成功不是由想法來塑造的。

當然，我們要有想法，就要學會正確思考，這樣才能避免理想變成空想。正確地思考，首先要學會控制自己的思想。愛情不順利，工作不理想，生活太平淡，激情找不到釋放的出口，巨大的精神壓力讓我們感受不到生活的快樂，而這一切都是因為我們的思想受到了周圍環境的影響。想要改變這一現狀，需要有一套科學有序的流程，讓我們能夠控制自己的思維，從而堅定自己的想法，沿著自己決定的路線不懈地奮鬥下去。

第七則

心中有夢想卻不願或不敢行動起來，只是一味地幻想和等待，那夢想就永遠無法實現。行動是實現夢想的必要條件，只有行動才能使夢想、計畫、目標具有現實意義。一切志向、計畫不能僅停留在口頭規劃上，更重要的是付諸實踐。

【遺訓】

無欲成聖賢之志，見古人事蹟，思難企及，較臨陣脫逃尤卑怯也。朱子亦云，見白刃而逃者無救矣。誠讀聖賢之書，身心體驗其所為，是為修行，惟知其言其事，徒勞也。予聞今人論，何等至理，然難通所為，僅止口舌，無感佩之心。見真為之人，實折服也。空讀聖賢之書，猶旁觀人之劍術，全無領會。全無領會者，倘一交手，無他法，逃之夭夭也。

【釋義】

沒有想成為聖人賢達的志向，聽聞古人的事蹟，就認為自己望塵莫及，這種行為比臨陣脫逃更為卑怯懦弱。朱子也說過，見到刀光劍影就逃之夭夭的人是無可救藥的。真正意義上的研讀聖賢書，不僅要明瞭聖賢所思所行中包含的精神，還要身體力行，這才是真正的修身養性。如果僅僅停留在知道的層面上，那麼研讀聖賢書也是徒勞無益。

我常常聽到人們高談闊論，精闢入理之極，然而很多人卻無法將所說的精神道理落實到實際行動中，對這種人我毫無欽佩之心。遇見真正身體力行的人，我才會心悅誠服，由衷地欽佩。倘若讀聖賢書只是取其皮毛，就好像旁觀他人的表演劍術，自己絲毫不能領會習得。這樣的人一旦遇到對手，短兵相接，除逃之夭夭外，不會有其他的結果。

願景是一切事務的第一步

有所構思，才能有所得。西鄉隆盛認為沒有宏大的願景是卑怯懦弱的表現。有願景，是成就一切的第一步。今天的事，明天的計畫，生活的主線與輔線，各種層次的人生目標，多角度的理想追求等，人生中必須要有這樣的創意藍圖，才能打開混沌的生活局面。

與所有建築的施工都需要藍圖作為指導一樣，願景便是我們人生的創意藍圖。這幅藍圖將告訴我們，我們可以做什麼，我們有什麼樣的能力，什麼對我們來說是實現人生創造的重要資源，什麼是我們現在欠缺的能力。在這幅藍圖的指導下，我們在挖掘自己生命潛能的過程中能夠堅持正確的方向，以一種科學的方式擴展和挖掘生命的礦脈。

有個叫布羅迪的英國教師在整理閣樓上的舊物時，發現了一疊作文簿，它們是二十五年前皮特金中學B（2）班三十一位孩子的春季作文，題目叫《未來我是……》。

布羅迪順便翻了幾本，很快被孩子們千奇百怪的自我設定迷住了。比如，有個叫彼得的學生說，未來的他是海軍大臣，因為有一次他在海中游泳，喝了三升海水都沒被淹死；還有一個說，自己將來必定是法國的總統，因為他能背出二十五個法國城市的名字，而同班的其他同學最多的只能背出七個；最讓人稱奇的，是一個叫大衛的盲學生，他認為，將來他必定是英國的一個內閣大臣，因為在英國還沒有一個盲人進入過內閣。總之，三十一個孩子都在作文中描繪了自己的未來，有想當馴狗師的，有想當領航員的，有想做王妃的……五花八門，應有盡有。

布羅迪讀著這些作文，突然有一種衝動：何不把這些本子重新發到同學們手中，讓他們看看現在的自己是否實現了二十五年前的夢想。當地一家報紙得知他這一想法後為他發了一則啟事。沒幾天，書信從四面八方向布羅迪飛來。他們中間有商人、學者及政府官員等，更多的是沒有身份的普通人，他們都表示，很想知道兒時的夢想，並且很想得到那本作文簿。布羅迪按地址一一給他們寄去。

一年後，布羅迪身邊僅剩下一個作文簿沒人索要。他想，這個叫大衛的人也許死了。畢竟二十五年了，二十五年間是什麼事都有可能發生的。

就在布羅迪準備把這個本子送給一家私人收藏館時，他收到內閣教育大臣布倫克特的一封信。他在信中說：「那個叫大衛的就是我，感謝您還為我們保存著兒時的夢想。不過我已經不需要那個本子了，因為從那時起，我的夢想就一直在我的腦子裡，我從未放棄過我的夢想，二十五年過去了，可以說我已經實現了那個夢想。今天，我還想通過這封信告訴其他的三十位同學，只要不讓年輕時的夢想隨歲月遠走，成功總有一天會出現在你的面前。」

布倫克特的這封信後來被發表在《太陽報》上，因為他作為英國第一位盲人大臣，用自己的行動證明了一個真理：假如誰能把十五歲時想當總統的願望保持二十五年，那麼他現在一定已經實現了那時的夢想。

願景是一切事務的第一步。布羅迪的突發奇想卻帶來一個驚人的發現，原來一個童真的夢想，經過適當的培養，最終也能築成理想的城堡。

如果說機遇真的可以訂做，那麼確立願景便是第一道程序。

這個世界上從來就不缺少有夢想的人，但是能讓夢想形成願景進而付出努力去實現夢想的人卻並不多。絕大多數的夢想都被人們丟在了昨天。

雖說每個人都有自己對未來的憧憬，但有很多人對自己的人生願景是模糊的，甚至是錯誤的，這樣就會造成行動的盲目。所以，瞭解個人願景是什麼是首先要做的事。如果你現在的願景還不十分明確，那麼就請閉上眼睛，開始尋找你的願景吧。

第一步，請對你目前的個人願景進行描述。

可以嘗試對自己或朋友家人形容自己目前的願景，這些願景包括自我形象、有形的財產、感情生活、個人健康、人際關係和工作等。想想自己曾經建立的願景中哪些實現了，哪些沒有實現，原因都是什麼。

第二步，請想像一下實現願景後的情景。

想像自己實現願景後會有什麼樣的情景，這種情景是不是自己想要的。

第三步，請檢驗並明確自己的願景。

檢視自己最想要實現的願景和其他不同層面的願景，找出最接近你內心深處的層面。

參照以上三個步驟，確立自己的願景，明確自己前進的方向，才能對未來有所指導。正如西鄉所言，確立了人生願景，才會執著於腳下的路，也不會迷失和被阻擋，這是每個人應該達到的人生格局。

有所決定，便立即行動

從夢想到成功的過程是一個化學反應式，行動是它的催化劑。

在西鄉的遺訓中可以看出，西鄉所推崇的真正意義上的讀聖賢書，不僅要明瞭聖賢所思所行中包含的精神意義，還要身體力行。如果僅僅停留在知道的層面上，卻不付出實際行動，就不是真正意義上的讀聖賢書。只會空想的人是思想上的巨人，卻是行動上的矮子。成功沒有捷徑可言，只是明確目標，然後行動而已。

原一平在六十九歲時的一次演講會上，當有人問他推銷的秘訣時，他當場脫掉鞋襪，將提問者請上講臺，說：「請你摸摸我的腳板。」提問者摸了摸，十分驚訝地說：「您腳底的老繭好厚呀！」原一平說：「因為我走的路比別人多，跑得比別人勤。」

認準了，就著手去做，實現夢想的機率才會更高。成功學大師奧里森．馬登說：「把夢想變為現實，最好做三件事：**第一，使目標具體化；第二，集中精力，全力以赴；第三，付諸行動。**」凡擁有人生大智慧的成功者，都善於果斷行動，一旦做出決定就全力以赴，因為他們知道：唯有行動，才能實現夢想。

西鄉隆盛是一個典型的實踐者，他從早年起就心懷大志，始終秉承知行不離的觀點，如他所說：「身心體驗其所為，是為修行，惟知其言其事，徒勞也。」只靠一張嘴來談理想而缺乏實幹，則一切都是徒勞無功的。

有人說，一百次心動不如一次行動。把理想與行動二者合一，才有可能讓夢想實現。

日本的親鸞上人九歲時，就已立下出家的決心，他要求慈鎮禪師為他剃度，慈鎮禪師就問他說：「你還這麼年少，為什麼要出家呢？」

親鸞說：「我雖年僅九歲，但父母已雙亡，我不知道為什麼人一定要死亡，為什麼我一定要與父母分離，為了探究這些道理，我一定要出家。」

慈鎮禪師非常贊許他的志願，說：「好！我明白了。我願意收你為徒，不過，今天太晚了，待明日一早，再為你剃度吧！」

親鸞聽後，非常不以為然地說：「師父！雖然你說明天一早為我剃度，但我終是年幼無知，不能保證自己出家的決心是否可以持續到明天，而且，師父！你年紀那麼高，你也不能保證你是否明早起床時還活著。」

慈鎮禪師聽了這話以後拍手叫好，並滿心歡喜地說：「對！你說的話很對。現在我就為你剃度吧！」

很多時候，我們都沒有親鸞這樣的勇氣，不能當下決斷，習慣於明日復明日，或者找出眾多理由來辯解為什麼事情無法完成。許多良好願望原本可以實現，卻在這樣的遲疑中被消磨掉了。西鄉說：「難通所為，僅止口舌。」止於口舌的認知毫無用處，一切認知和計畫不能僅僅停留在口頭規劃上，更重要的是付諸實踐。

曾有心理學家探索成功人士的精神世界，發現成功的本質有兩點：一種是在嚴格而縝密的邏輯思維引導下艱苦工作；另一種是在突發、熱烈的靈感激勵下立即行動。

成功者大都能將理想轉化為自己的目標，並毫不猶豫地行動。他們最大的才能之一，就是他們在審時度勢之後能及時迅速地付諸行動，這是他們出類拔萃、獲得成功的秘訣。

在人的思想、願望裡潛藏著成就大事業的能力。如果這種思想、願望是高尚、純粹而美好的，若能一以貫之，那麼，它將會發揮出最大的力量，幫助人們實現計畫、目標、夢想。

我們很多時候不是不想付諸行動，而是怕自己行動之後做不好，所以猶豫不決。不要問自己行不行，只要問自己想不想。永遠記得自己想要的，而不是所擔憂的。以積極的心態面對所有事，想好了，決定了，馬上去做，立即行動。

第八則

所謂君子，不僅要具備君子的知識和儀禮修養，同時還要運用知識加以踐行，對任何情況務必隨機和靈活應對。否則死板教條，缺乏實幹精神，就只是空有一副君子的皮囊而已，並非真正的才智兼備的君子。

【遺訓】

修身正己，具君子之體而不知應對者，同木偶人。譬若數十人客不意來訪，縱令欲款待，事前無器具調度之備，惟擔心，不得應也。平日有備，幾多客來，皆從容應之。故平日之備甚為緊要，書古語以賜：

文非鉛槧也，必有處事之才。武非劍楯也，必有料敵之智。才智之所在一焉而已。

（宋．陳亮《酌古論．序文》）

【釋義】

修身養性，端正自己言行的人，雖然知道成為君子的要求，但是遇事卻束手無策，這樣的人和木偶人相差無幾。例如，在數十位不速之客突然造訪的情況下，即便想好好款待賓客，但若事前沒有準備招待的食物和用具，也只能惴惴不安，不能很好地應對。如果平日有所準備，不管有多少客人，什麼時候來訪，都能從容應對。所以，事先的準備比什麼都重要，就像古語所說：

學問之要並非只重視文筆，必須具備靈活處理事務的才能；武術之道也並非善用劍楯，大敵當前時必須具備料事如神、巧妙應對的智慧。如此，才是才能與智慧並重。

即使只有1%的機會，也要做好100%的準備

準備是一切工作的前提。「故平日之備甚為緊要」，事前的準備重於一切。西鄉認為，被人們稱為「君子」的理想型人物，無論遇到何種事情都能靈活處理，如魚在水中，靈活自如，遊刃有餘。也就是說，通過修養自身的品行，獲得出眾的見識，面對何種局面都能將自己的見解付諸實施，而這一切都需要事前做萬全的準備。

一個人懶於籌備，那麼縱然有超然的能力、千載難逢的機會，也不能保證獲得長久的成功。任何事情本質上都是各種因數的綜合體，前期的觀局、準備，正是對各種因數

的重組、排列和融合。缺少這些過程，一切將陷入無序，最終失敗。

我們許多時候都很有想法，富於見識，精於思想，但是往往缺乏有效的方案，而這正是因為事前沒有充足的準備。對有些人來說，成功的背後一定是冷靜運籌的結果，正所謂「預則立，不預則廢」。

但並不是每個人都能意識到準備的重要性，有人會覺得準備只是小事，沒有什麼重要的。但就是這些不起眼的事，做與不做往往就決定了成功與失敗。

阿爾伯特．哈伯德生在一個富足的家庭，但他還是想創立自己的事業，因此他很早就開始積極地做準備。他明白像他這樣的年輕人，最缺乏的是知識和經驗，因而，他選擇學習相關的專業知識，充分利用時間，甚至在他外出工作時，也會帶上一本書，在等候電車時一邊看一邊背誦。他一直保持著這個習慣，這使他受益匪淺。後來，他有機會進入哈佛大學，開始了一些系統理論課程的學習。

阿爾伯特．哈伯德對歐洲市場進行了詳細的考察，隨後，他開始積極籌備自己的出版社。他請教了專門的諮詢公司，調查了出版市場，尤其是從事出版行業的普蘭特先生那裡得到了許多有用的建議。這樣，一家新的出版社——羅依柯洛斯特出版社誕生了。由於事先的準備工作做得充分，出版社經營得十分成功。阿爾伯特．哈伯德不斷將自己的體驗和見聞整理成書出版，使得名譽與金錢相繼而來。

阿爾伯特並沒有就此滿足，他敏銳地觀察到，他所在的紐約州的東奧羅拉當時已經漸漸成為人們度假旅遊的最佳選擇之一，但這裡的旅館業卻非常不發達。這是一個很好的商機，阿爾伯特沒有浪費這個機會。他抽出時間親自在市中心周圍進行了兩個多月的調查，瞭解市場的行情，考察周圍的環境和交通。他甚至親自入住當地一家經營得非常出色的旅館，研究其經營的獨到之處。後來，他成功地從別人手中接手了一家旅館，並對其進行了澈底的改造和裝潢。

在旅館裝修時，他根據自己的調查，接觸了許多遊客。他瞭解到遊客們的喜好、收入水準、消費觀念，更注意到這些遊客是由於厭倦繁忙的工作，才在假期來這裡放鬆的，他們需要更簡單的生活。因此，他讓工人製作了一種簡單的直線型傢俱。這個創意一經推出，很快受到人們的關注，遊客們非常喜歡這種傢俱。他再一次抓住了這個機遇，創辦了一個傢俱製造廠。傢俱公司蒸蒸日上，也證明了他準備工作的成效。同時他的出版社還出版了《菲利士人》和《兄弟》兩份月刊，其影響力在《致加西亞的信》一書出版後達到頂峰。

機遇往往青睞有準備的人。我們在評價一個人的能力以及他的成就時，不能完全忽略機遇的重要性，也許短短五分鐘就可能決定一個人的命運，為此，哪怕事情只有1％的機會，也要做好100％的準備。

成大事者，無不成功做好了充分的準備，他們知道越是細小零碎的準備越是成功的關鍵。即便沒有機遇，也要創造條件去抓住。

如果你正在為一件事情後悔，或者正勤於為明天的一件事「排兵佈陣」，不妨從以下幾個方面著手做準備：

1. 我花在前期的時間有多少？
2. 哪些細節已經或可能會出現差池？
3. 這些細節哪些需要優先鞏固並馬上付諸行動？
4. 我還需要再想嗎？

學知識，更要淬煉見識和膽識

西鄉是個好學者，也是一個行動派。他認為真正的君子既要具備「君子之體」，也要具有「料敵之智」。這種鮮明的知行合一思想在他的遺訓中隨處可見。君子修身若僅空有一些理念知識，那只是具備了像木偶一樣的形體，就如同未開刃的兵器，是鈍而無用的，而只有實幹精神和實踐經驗才是能克敵制勝的利刃。

西鄉曾經援引宋朝功利派學者陳亮的觀點，來闡釋見識與膽識的重要性。陳亮認為要才能與智慧並重，人應該具備靈活應變的能力和過人的膽識。倘若沒有排除萬難的見識、堅忍不拔奮鬥到底的膽識，那麼滿腹的知識便毫無用武之地。西鄉隆盛對此觀點十分推崇。

在實際的生活中，知識大部分是從書本上得來的，基本上屬於理論範圍；見識是在知識的基礎上有一定的實踐經驗；而膽識則是人的能力和魄力，是才華和知識的集合。知識的內容包羅萬象，所涉及的範圍廣泛。而見識是我們平時對周圍社會和事物的觀察、思考和積累的程度，是一個人通過參與社會實踐所獲得的認識和經驗的積累。所謂的見多識廣多是指那些有著豐富經驗的人。此外見識還意味著一個人對事物認識的維度，即深度、高度和廣度。

人常常在不知不覺中以目前僅有的認知對行為作出判斷。殊不知，知識是刻板的，外界事物是不斷變化的，以自已有限的知識應對變化的現實，是沒有應變能力的體現。

膽識是知識、勇氣和實踐三者的淬煉聚合。就像拳擊手徒然掌握一些套路，而沒有膽識與實踐經驗，即使上了場，也會很快被人打倒。

但是，從知識到見識，從見識到膽識，這個過程並非一蹴而就的。**讀萬卷書不如行萬里路，行萬里路不如閱人無數，閱人無數不如重疊成功人的腳步**。見識是一般人想不到的辦法。接受教育，不間斷地學習，是先進行知識積累的過程；把學到的知識直接或間接地在實踐中運行闡釋，借鑒正反兩方面的經驗，遇事多分析、多總結，自然減少了無知的盲目舉動和不知所措的愚蠢行為，這就是見識，是充滿聰明和智慧的。學習的知識通過實踐經歷的釀造不斷積澱，逐漸厚重起來，那麼具有個人風格的見識便於實踐中形成了。見識是知識在實踐中淬煉的美麗結晶。

膽識是將膽量和見識合二而一的綜合體。不管是做出一個重要決定，還是在舞臺上面對觀眾，無論是在工作中還是生活中，每個人都會經受過這樣的考驗：關鍵時刻，有沒有膽量站在一個嶄新的高度，迎接某些原本自己能力達不到的挑戰。最後使你堅定並堅持下來的力量，是一種犀利的眼光、堅強的意志以及明智的選擇，這便是膽識。膽識是人的一種勇氣和能力。空有知識是無用的，淬煉出見識與膽識，才能讓你一展所長。很多人知道這個道理，卻在困難面前猶豫躊躇，這是因為他們缺乏勇氣作為後盾。過分在意「自我」會導致勇氣的喪失，沒有了勇氣，自然談不上膽識，最終導致事情裹足不前。

常言道「讀論語而不知論語」，讀聖賢書若僅僅停留在「知」的層面是遠遠不夠的。「幾歷辛酸志始堅」這是西鄉在遺訓中的一句話，歷經磨難，飽受辛酸，造就了他的見識和膽識。其實傑出者與平庸者的差距，並不簡單地在於知識的多寡、專業的優劣，而在於誰的經歷豐富，見多識廣，遇事不慌，是否有一種運籌帷幄的膽識和氣度，是否對任何情況都能應對自如。

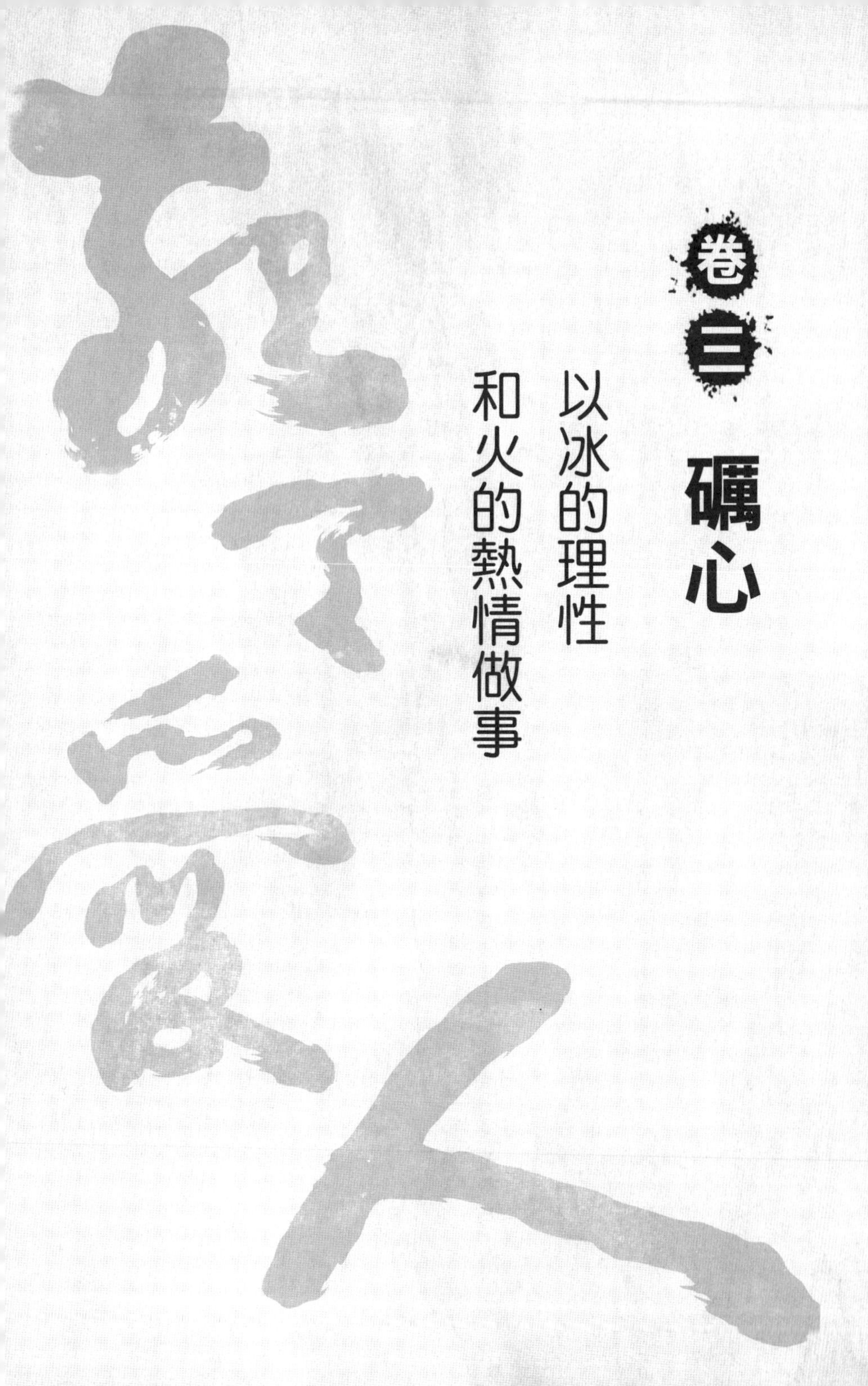

卷三 礪心

以冰的理性
和火的熱情做事

第九則

一個人若想成就大事，就必須具有獨當一面的能力，對自己的追隨者負起責任，經得起各種各樣的誘惑，始終堅持最初追求功業的理想。

【遺訓】

然草創之始，華屋、錦服、美妾、謀財，維新之功業終難成也。今戊辰之義戰既成營私之態，念此，無顏以對天下及戰死者，淚頻催也。

【釋義】

然而，現今維新之業剛開始，一些人就追求富麗堂皇的屋舍、綾羅綢緞、成群的妻妾、滾滾財源，完全難以實現維新的真正目的。如今，號稱義戰的戊辰之戰儼然已發展成爭權奪利、中飽私囊的態勢。想到這裡，我便覺得無顏面對國家和戰死沙場的將士們，不禁流淚不止。

做大事要頂得住誘惑，放得下利益

在創業初期，如果急功近利，是很難做成大事的。西鄉隆盛曾說：「草創之始，華屋、錦服、美妾、謀財，維新之功業終難成也。」一個人，如果在剛開始創業的時候，就追求富麗堂皇的屋舍、綾羅綢緞、妻妾成群、滾滾財源，那麼他開拓創新的功業是難成氣候的。

急功近利是許多人的通病，有些人做事只圖眼前利益，而不會為長遠打算。眼前可以得到的利益總給人實實在在的感覺，但短視的心理卻常常使人們失去更多的美好事物。也許人們認為自己的行為更注重現實，而實際上是將未來的發展與成功的機遇斷送了。

西鄉隆盛代表的是日本中下層武士，他一生經歷過數次戰爭，戰場是最能全面體現一個人的特質的，他曾對部下說，「貪功乃戰者之斃命弱點，為將帥者尤當以全場之勝利為要，餘者皆為此目標輔從」。

由此可見，成大事的人必須具備這樣的特質：要有能夠擔當大任的能力，要頂得住來自各方的誘惑，否則很難保證事業的順利進行，同時還要能放下個人的利益，若一味縱欲營私，不能克制和砥礪艱難，則很難做成大事。

如果你能把人生計畫清楚地表達出來，就能提醒自己將目光投得長遠一些，放棄一時小利、頂住一時誘惑，為更高的目標積蓄力量，同時還能幫助自己隨時集中精力，發揮出最高的效率。在制訂人生計畫時，你應當以你的夢想和個人的信念作為基礎，這有助於你把自己的計畫具體化，且具有現實可行性。正如人們所說，羅馬不是一天建成的，人生理想亦是如此。希望在目標執行過程中放下功利主義和各種誘惑帶來的困擾，我們可以從以下幾方面入手：

1.對理想做分割計畫

如果暫時無法實現最終計畫，不妨設定一個較小、較易實現的計畫，並竭力工作直到計畫實現。舉例來說，找出更快、更有效率的方法來完成每天的例行工作，或者是趁自己精力旺盛的時候優先選做最難的工作，簡單的則稍後解決。許多小的成功終會帶來更大的成就。

2.獲得信仰

短暫的目標很難作為持久奮鬥的支撐力，但把目標昇華為信仰就大為不同。舉例來說，追求溫飽者很可能會因為一時食物豐足就開始暴飲暴食，而追求生活品質注重養生的人則更懂得將食物分類貯藏，慢慢享用。

3.專注於一個明確的目標

挖十口井不如挖一口井，專注於挖一口井總會出水，但挖十口井可能沒有一口能出水。如果一件事已經堅持了一段時間但還沒有成功，不妨再努力一下。

我們常常被眼前利益的絢爛蒙蔽雙眼，寧願一直低頭享受那片刻的短暫歡愉，也不肯抬起頭望向遠方，去尋找更廣闊的空間。只圖眼前利益的人，受人性所限，會陷入庸人自擾的無邊煩惱；立足長遠的人，往往能突破人性的瓶頸，活出智慧人生。

要比任何人都更努力

一八六八（戊辰）年一月二十七日，以薩、長兩藩為主力的天皇軍五千人，在京都附近與幕府軍一萬五千人展開激戰。德川慶喜敗走江戶，由此拉開了日本歷史上著名的戊辰戰爭。五月三日幕府軍大敗，德川慶喜被迫交出江戶。其後，西鄉參與了平定東北地區叛亂諸藩的戰爭。至一八六九年六月底，戊辰戰爭結束，日本進入明治天皇新政府時期。但是戰爭結束後的新政府面臨著種種問題，於是一部分人開始妥協，逐漸失去了當初為理想奮鬥的激情，甚至出現了營私弄權的現象。西鄉隆盛深感憂心，也就是在此時西鄉萌生了退出政壇的想法。

戊辰之戰雖已宣告勝利，但西鄉認為還不是放鬆慶功的時候，因為維新大業尚處於草創初期，諸君需要保持熱情，更加奮力。

面對現實中的「華屋、錦服、美妾、謀財」，「戊辰之義戰既成營私之態」，西鄉有感於時局，不免發出「無顏以對天下及戰死者」的感慨。他的態度很明確：**功業未成**，

不容懈怠，且須更加努力。

西鄉隆盛是當時「水戶學」的代表，懷著熱血投身維新大業，而當時情形可謂步履維艱，但眾人雖多次遭遇挫敗卻依舊滿懷激情，無論何種事業，這樣的精神都是值得提倡的。

任何人、任何事業處於草創階段，就好像駕駛一艘簡陋的小船出海一樣，要想順利到達彼岸，就必須有毫不懈怠的專注和努力。

美國前總統亨利・威爾遜出生在一個貧苦的家庭，他十歲的時候就離開了家，在外面當了十一年的學徒工。這期間，他每年只有一個月時間到學校接受教育。經過十一年的艱苦工作，他終於得到了一頭牛和六隻綿羊作為報酬，他把它們換成了八十四美元。他知道錢來得很不容易，所以絕不浪費，每一美分都要精打細算才花出去。在他二十一歲之前，他已經設法讀了一千本書。在度過了二十一歲生日後的第一個月，他就帶著一隊人馬進入了人跡罕至的大森林，在那裡採伐原木。經過一個月夜以繼日的辛勞工作，他獲得了六美元的報酬。

在這樣的境遇中，威爾遜下定決心，不讓任何一個發展自我、提升自我的機會溜走。很少有人像他那樣深刻地理解閒暇時光的價值，他像抓住黃金一樣緊緊地抓住零星的時間，不讓一分一秒無所作為地白白浪費。十二年之後，這個從小在窮困中長大的孩子在政界脫穎而出，進入國會，開始了他的政治生涯。

在一個人發展與成長的過程中，天賦、環境、機遇、學識等外部因素固然重要，但更重要的是自身的努力。只要勤奮、努力，就算是行動遲緩的蝸牛也能雄踞塔頂。成功不能單純依靠能力和智慧，更要靠個人自身的勤奮進取。

毫無疑問，西鄉隆盛懂得努力生活，所以能取得優異的成果，得到賞識進而被委以重任，贏得更多人的尊重。

有人對十九世紀以來包括西鄉隆盛在內的一千位不同國家、不同領域聲名顯赫的人物經歷進行調查分析後，從他們身上總結出三項被認為最重要的成功元素：

1.保持健康。良好的身體狀況讓你可以有更多時間去做事。

2.充滿激情。它是展示人生價值的一種不可或缺的特質。

3.付出不亞於任何人的努力。尤其是事業初創時期，付出比任何人更多的努力，可以讓你站得更穩、走得更遠。

其中第三項被人們認為是最重要的，因為前兩項的作用通常要通過第三項才能顯現出來。

第十則

有人說，不為明天準備的人永遠沒有未來，未雨綢繆者才能時常精進。一個人在等待機遇之時，不僅要養精蓄銳，還要時時窺測方位，審時度勢，以尋求利於自身發展的機遇。

【遺訓】

平日不循道，臨事狼狽，處理無措也。譬若近鄰失火，平生有備者泰然，俐落應對。平日無備者，惟狼狽，何談處置耳。同理，平生未循道者，臨事無策也。予早年出陣之日，向兵士言道：「我整備否，不為己方之目以見，仿敵之心試探，方乃第一備也。」

【釋義】

平時不注意遵循正道規範言行的人，遇事往往狼狽不堪，手足無措。這就好比鄰居家失火，平常有準備的人就會泰然處之，應付得有條不紊、乾脆俐落。而平日沒有準備的人，只能狼狽逃竄，還談什麼處理呢？同樣的道理，平日不行道義的人，遇事往往束手無策。我早年征戰時，對士兵們說過這樣的話：「要考察我方的防禦是否萬全妥當，不應從自身視角來衡量，要效仿敵人的心理來檢測，這才是最高級別的防備。」

未雨綢繆抓機遇

等待有把握後再去做一件事，往往意味著永遠等待；機會都在平日的功夫裡，未雨綢繆者往往能遠離禍患且能時常進益。

西鄉隆盛說：「平時不注意遵循正道規範言行的人，遇事往往狼狽不堪，手足無措。」如何避免這種情況，他舉了一個例子：「譬若近鄰失火，平生有備者泰然，俐落應對。平日無備者，惟狼狽，何談處置耳。」很顯然，平時有準備的人即便遇到突發事件，也能應付得有條不紊、乾脆俐落；平日沒有準備的人，只能狼狽逃竄，更談不上正確應對。

在日常工作和生活中積累經驗，做到未雨綢繆，需要具備以下幾種能力：

1.學習力

武士出身的西鄉非常好學，一生都十分熱愛儒家經典和中文詩歌。勤奮好學的他在艱苦的流放生活裡仍然堅持自己的志向。他甚至還做過島民的老師，他很清楚，人要想有所成就，就必須盡可能多地涉獵各方面的知識，獲得多樣的經驗，拓寬自己的視野。「流水不腐，戶樞不蠹。」人的智力增長也處於這種狀態，只有不斷地學習新東西，才能跟上時代的步伐，屢有創新。

學習讓我們拒絕無知。在廣泛汲取淵博知識的基礎上，還要不時整理、歸納，形成合理的認知結構，建立知識間的各種聯繫。

2.主動能力

一個人縱使學富五車，有統帥眾人的才幹，也需要有合適的機會展現，否則他也不過是不被人重視的平庸之輩。那些坐等機會從前門進來的人，往往沒有意識到機會也會從後窗進來。

在謀求革新的過程中，不管對幕府多麼不信任，西鄉仍然像大多數武士一樣認為在將來的政治中幕府仍應占主要位置，但是和江戶幕府的勝海舟談話後，西鄉的想法有了很大改變，關於幕府的諸多疑惑也解開了，他心中多了一個積極的議題，就是建立一個能保衛日本的新政權。西鄉的這種積極探索並抓住機會發掘新事物的主動能力，是一個優秀的領導者必備的品質。

坐等機會不過是在浪費時光。一個主動尋找機會者，一旦機會出現，就會一鳴驚人，成為成功者。

3.創造機會的能力

聰明的人未必能獲得成功，而那些善於發揮才智、懂得利用各種機遇甚至創造機會的人，則更容易成就大業。**偉大的成就永遠屬於那些富有創造精神的人們，而不是那些一味癡等的人。**

西鄉不是一個消極等待的人，在遭流放的那段時間，他與大久保利通等人始終保持通信聯繫，也通過各種途徑不讓自己被囚刑生活閉塞，一切正當的方法都被他發掘出來為自己重返戰場或政壇作努力，而最終他成功了。一八六二年初春的一天，西鄉接到自己被召回的消息，二月十三日，他返回薩摩藩，再次站到了日本政壇的中心。

成功者往往善於創造機會，正如櫻花樹那樣，雖在靜靜地等待著春天的到來，但它時刻都在養精蓄銳、尋找創造機會的契機。**機遇稍縱即逝，好運也不是常常都有，單單發現它遠遠不夠，還要懂得未雨綢繆，在機會到來時合理地加以利用，同時為自己製造更多的機遇，這樣才可能達到臨危不亂的境界。**

積極思考，效率更高

西鄉隆盛在總結自己很少打敗仗的原因時說過這樣一句話：「平日無備者，惟狼狽。」他告訴他的部下必須每日保持警惕，時刻關注對方動向，常常揣度敵我雙方心理，這才是最高的防備，才不至臨戰而亂無計應敵。誠如西鄉所說：「我整備否，不為己方之目以見，仿敵之心試探，方乃第一備也。」

可見那些臨事運籌帷幄、從容應對的人，並不是真的天機神算，而是他們在平日就勤於思考，隨處留心觀察、分析和歸納，所以有突發狀況時，總能及時作出判斷。

因此，我們應努力做到勤於思考，善於觀察和揣度對手心理，這是我們做好準備、擺脫困境的關鍵因素。

一位叫方達軒的職員參加完公司的聚餐之後，從飯店出來，與朋友揮手告別後招手叫了一輛計程車。

上車後，方達軒告訴司機去火車站。方達軒在外貿協會的生產力中心工作，生產力中心坐落在火車站附近的外貿協會二館，因為公司不是太大，也不是很顯眼，知道的人不多，所以每次都說是去火車站，免得費力解釋半天。

但這次卻出乎方達軒的意料，司機緊接著方達軒的話問道：

「你是不是要去外貿協會二館啊？」

方達軒非常吃驚，便細問司機是怎麼知道的。

司機說：「第一，你最後上車時跟朋友只是一般性的道別，一點都沒有離別的樣子；第二，你沒有任何行李，連僅供一天使用的小件行李都沒有，而你這個時間才去火車站，就算搭乘最晚的班車，都沒有可能在當天趕回來，所以你真正去的地方不可能是火車站；第三，你手裡拿的是一本普通的英文雜誌，並且被你隨意卷折過，一看就不是重要的公文之類的東西，而是供你消磨時間用的。一個把英語雜誌作為普通閱讀物的人，既然不是去火車站就一定是去外貿協會啦，火車站附近就只有外貿協會的人才會這樣讀英語。」

方達軒又吃驚又佩服，覺得他簡直就是福爾摩斯再世，就跟他一路聊起天來，結果發現他真的很與眾不同。

他說他平均每個月都會比其他計程車司機多賺幾千塊錢。他每天的行車路線都是根據季節、天氣、星期詳細計畫好的。週一至週五早晨，他會先到民生東路附近，那裡是中上等的居民區，搭計程車上班的人相對較多。到九點鐘左右，他又會跑各大飯店，這個時間大約剛吃完早餐，出差的人要出去辦事了，遊玩的人也要出去玩了，而這些人均來自外地，對環境比較陌生，所以計程車是最多也是最好的選擇。他的中午又分成兩部分，午飯前，他跑公司比較多的商業區，這個時間會有不少人外出吃飯，又因中午休息時間較短，所以大多數人會因快捷方便而選擇搭計程車；午飯後，他跑餐廳較集中的街區，因為吃完飯的人又趕著要返回公司上班。

下午三點左右，他則選擇到銀行附近。根據機率算，除去一半去存錢的人外，也還有一半是去領錢的人，這一半領錢的人因帶了比平時多的錢，也大多不會去擠公車而會選擇較安全的計程車，所以載客的機率相對較高。而到了下午五點鐘左右，市區開始塞車，他便去機場、火車站或郊區。晚飯後，他會去生意興隆的大飯店，接送那些吃完飯的人。稍微休息一會兒後，他會再去酒吧、夜店之類的娛樂場所附近。

同樣是計程車司機，很多人只是漫無目的地開車，而這位聰明的司機則善於思考，細心規劃行車路線，自然要比別人多賺許多錢。

我們的思維總是存在一個誤區，認為沒有在忙碌工作就是在浪費時間，會產生罪惡感。其實，有時候並不是工作不勤奮而使我們效率低下，而是因為我們缺乏思考，方法不對，才導致工作效率低。所以，**比起盲目行動，我們更需要清醒冷靜的思考。只有冷靜地思考，才能為即將發生的事情和可能遇到的突發情況做好充足的準備**。思考是準備最重要的方法之一。

正像西鄉所言：「平日不循道，臨事狼狽，處理無措也。」沒有思考力的人，很難發現契機和掌握資訊與主動權，他們的行動往往是盲目的。事實上，贏得一切、擁抱成功的關鍵，就在於能不能積極地思考、持續地思考和科學地思考為機遇和危機都做好充足的準備。

第十一則

一個明智的人總是抓住機會，把它變成美好的未來。機會女神賦予人們的機遇是同等的，而積極的思考是抓住機遇的一個重要前提。

【遺訓】

世所云之機契，恒多僥倖。乃不知所謂機運者，在因勢利動、相機而起。若平素之不能以誠意厚德憂心國家天下，唯以一時之勢為利，則功業亦不長久。

【釋義】

世人所說的機會，大多數認為是一種僥倖，這種僥倖亦是一種偶然。真正的機會，是在依道而行，審時度勢的前提下，伺機而動後獲得的機遇。平日不能以誠心厚德擔心國家和人民，只靠一時有利於己的形勢為自己謀利，那麼其事業是絕不可能長久的。

遠離僥倖，靠實力讓自己強大起來

長期努力是一種勝利的投資，僥倖投機是一種失敗的心理。心存僥倖、投機取巧是許多人都存在的心理，想把握機會需要平時努力，時時準備，靠一時的投機是絕不可能長久的。

我們要想成功地完成一件事情，就要做好充分的準備，進行實力的累積。我們想取得好的成績，就要靠平時認真的學習，這就是「一分耕耘一分收穫」的真正含義。我們的人生經歷也是從知之不多到知之較多、從知之較多到知之甚多的一個累積過程。既然事物的發展都是從量變開始的，為了推動事物的發展，我們做事情必須具有腳踏實地的精神。而要促成事物的質變，必須首先做好量變的積累工作。如果不願做腳踏實地、埋頭苦幹的努力，而是急於求成、企求「僥倖」，是不可能取得成功的。

在對長州實施軍事征伐並且懲罰這個藩的領導集團時，西鄉作了長期的努力。很多大名和武士，公開或者私下，主張採取寬大處理的政策，人們害怕一場軍事懲罰會帶來一場戰爭。作為征長軍的參謀，西鄉在一八六四年和征長總督德川慶勝會面，商議戰略事宜。西鄉闡述了對待長州的新思想：征長軍雖然大軍壓進長州，但是同時也應對其提出合理的條件；幕府原來打算對長州大名進行公開的處分，但此舉會增強長州人們的反抗心理，相反地，西鄉認為如果征長軍開出緩和的條件對長州進行內部分化，就能使他們迅速道歉和投降——西鄉的此一新態度，在這一討伐行動中發揮了決定作用，也推動了長州的速戰速決。西鄉的這一成功不是僥倖，不是偶然，而是他對新的形勢進行分析和總結的結果。

讓自己變得強大起來，而不要存著僥倖心理，期望不幸和困難不來進犯，這也是我們應該學習的一種生活態度。曾經有一位作家在自己的傳記中寫道：「我不祈求上帝讓我平安無事，我只祈求上帝在考驗我的同時，賜予我戰勝困難的勇氣和力量。」真金不怕火煉，只要我們準備充分，擁有戰勝困難的實力，無論何時都能夠經受住考驗。

成功靠長期的實力累積，而不是一時的僥倖。存在僥倖心理的人以為取勝就是從競爭對手身上找破綻，而不是強大自己。西鄉認為想要成功，最重要的就是如何強大自己，也就是修煉內在。

怎樣修煉內在，讓自己實力雄厚呢？首先，**第一步就是要戰勝僥倖心理**。生活中處處都是僥倖心理的影子，考試之前猜題、押題，考試時作弊；在口頭表達上，經常使用「可能、也許、萬一、大概」之類的詞彙；總是期待著「意外收穫」；不肯腳踏實地地努力，反而將成功的希望寄託在「好運」上。

修煉內在的第二步就是要認識實力的積累是一個長期的過程，需要耐心和恆心。我們來看一看這樣一組資料：達爾文寫《物種起源》用了二十年；音樂家貝多芬寫出《合唱交響曲》用了三十九年；歌德寫《浮士德》用了六十年……幾乎所有的偉大作品和偉大發明都不是幾天之內完成的，而是需要長久的積累和準備。

僥倖有時候會帶給我們驚喜，但更多時候是一種始料未及的失敗。面對事物時不做好準備工作，卻希望能夠倖免，無疑是對自己的不負責任。將人生大廈建立在僥倖上，猶如空中樓閣、水中花月，只有遠離僥倖，我們才能處世穩妥，也才能逐步實現自己的目標，把握自己的命運齒輪。

因勢利動，相機而起

「所謂機運者，在因勢利動、相機而起。」

西鄉隆盛研究中華傳統經典多年，對兵法頗有見地，他的這段文字十分凝練，也很好理解。他的意思是，真正會抓住機會的人，懂得隨著形勢的發展而變化，抓住有利的時機採取行動，這就是無常勢的含義。《孫子兵法》中有：「故兵無常勢，水無常形。能因敵變化而取勝者，謂之神。」這句話道出了行事無常勢的好處。

其實無論是在行軍佈陣中，還是在日常生活中，又或是在經營創業中，都要根據形勢變化不斷調整策略，如此才能因勢取勝。

寶僑公司創始人之一的威廉．普羅克特三十一歲時來到辛辛那提尋找機會。他發現，在這個二十五萬多人口的城市裡，製造蠟燭的原料非常豐富，而高品質的蠟燭卻十分缺乏。他小時候曾經在英國的蠟燭工廠工作，懂得怎樣製造高品質的蠟燭。於是他果斷決定創辦一家蠟燭工廠。他說服了自己的親戚——一家小肥皂廠的股東甘布爾，合夥辦蠟燭工廠。甘布爾看到製造蠟燭的大好前景，而肥皂工廠在當時是經營慘澹的行業，便毅然退出了肥皂行業。他們倆合夥辦起的蠟燭廠就是現在的寶僑公司的前身。

蠟燭使他們賺了一些錢。但是，當洗澡成為時尚，肥皂的需求量大增時，他們又將經營重心轉向了肥皂，並以良好的信譽贏得了市場。當時，松香是製造肥皂的重要原料，只能從美國南方購買。南北戰爭爆發前，他們預料到松香的供應將會短缺，便大量購進儲存在庫房裡，結果，當松香的價格上漲十五倍，許多肥皂廠不得不停產時，寶僑公司仍然正常生產，渡過了難關。

後來，松香、豬油等原料開始匱乏，寶僑公司首先投入資金研究肥皂的新工藝，他們找到了更易得的原料和更經濟的生產工藝，推出了比舊式肥皂更好、更廉價的產品——「象牙肥皂」。此後在科研、廣告方面，他們總是捷足先登，這讓寶僑公司始終處於日用品行業的領先地位。

寶僑的成功可視為「因勢利動」的最成功案例之一。準確的判斷和不斷調整的經營策略使寶僑公司始終領先於所在行業的其他公司。

這一案例同時也說明，機遇之門並非只對某人某事敞開，主要是看人們能不能看到機遇並且把握住它。所以，保證決策明智的另一個重要原則是：**擁有卓識先見，把握住**

並有效利用機遇。

所謂的卓識先見，就是不斷調整、不斷構思的結果。這裡我們引入「採摘蘋果」原理來闡釋這一問題。

機遇賦予每個人以同等機率去尋找自己的幸運蘋果樹，但並不是每個人都能收穫果實，原因在於此人是否能根據果實的成熟度來選擇採摘的最佳時節。**有時候你確實抱著一個蘋果，但是它已經腐爛了。契機就像這個蘋果，當你以為已掌握它時，也要留意不久之後它是否還新鮮；或許又有新的蘋果成熟，而你需要不斷丟棄腐爛的蘋果去採摘新成熟的那些。「採摘蘋果」原理要求我們在做任何決策時都要根據形勢的變化而不斷作出調整，避免因為決策失效帶來失誤。**

獲得機遇是好事，但是機遇只是提供了成功的可能性，要想真正獲得成功，仍然需要不懈奮鬥。就像西鄉說的那樣，「唯以一時之勢為利，則功業亦不長久」。所以機遇來臨時，要靈活地運用它而不是濫用，審慎地抓住它而不是被它束縛，這樣我們才能做出成績，成就自己。

第十二則

知過不僅要改，更要自新。庸碌的人往往糾纏在過錯上，患得患失，亡羊不思補牢卻終日勞神悔恨。而智者則懂得清醒地面對每一個錯誤，冷靜分析，然後踏過錯誤繼續前行，在西鄉看來，這才是真正的改過之「善」。

【遺訓】

改過時，知己之誤，即善也。其事可棄而不顧，即踏一步。思悔過，患得失，欲補繕，同碎茶碗集其片者，於事無補也。

【釋義】

改正錯誤的時候，只要明白自己錯在哪裡，就是好的，然後馬上將此事拋諸腦後，向前踏出新的一步。如果總是為已經犯下的過失而悔恨，患得患失，為彌補損失而費心勞神，就好像打破茶碗後收集碎片一樣，於事無補。

迅速地踏過錯誤才是改過

人，最難的就是有自知之明，清楚明白地知道自己的缺點、敢於承認自己的缺點，不是一件容易的事。

有些人「聞過則喜」，有面對缺點和失誤的勇氣，並且努力糾正自己的錯誤，會使自己不斷進步，趨向完美。有些人「聞過則怒」，對自己的缺點無改過之意，甚至否認自己存在錯誤，結果，缺點和失誤越來越嚴重，最終可能發展到不可收拾的地步。

俗話說「尺有所短，寸有所長」、「白玉微瑕」、「人無完人」，一個人有缺點是很平常的事。有缺點、有不足並不可怕，可怕的是不承認或者是不敢承認缺點與不足，沒有正視缺點的勇氣，也就不能真正認識自己的錯誤。正視缺點，堅決改正缺點，才能使曾經的缺點成為我們前進的動力，為我們提供廣闊的進步空間，到那時缺點也就會成為生命中的亮點。

在ＩＢＭ發生的一件事典型地體現出企業對待失敗的寬容態度。ＩＢＭ公司的一位高級負責人曾經由於在創新工作中出現嚴重失誤而造成一千萬美元的巨額損失。許多人提出應立即把他革職開除，而公司董事長卻認為一時的失誤是創新精神的「副產品」，如果繼續給他工作的機會，他的進取心和才智有可能超過未受過挫折的人。結果，這位高級負責人不但沒有被開除，反而被調任同等重要的職務。公司董事長對此的解釋是：「如果將他開除，公司豈不是在他身上白花了一千萬美元？」後來，這位負責人果然為公司的發展作出了卓越的貢獻。

從這件事我們可以看出，錯誤也可以成為成功的墊腳石，因為錯誤可以告訴我們在哪些地方該改變方向。就像上文中曾經犯過錯誤的高階主管，正是因為犯下了錯誤，他才能總結經驗教訓，尋找合適的方法和方向。犯錯並不可怕，可怕的是被錯誤打敗，從此一蹶不振。所以，我們應從失敗中、錯誤中獲得經驗教訓以及新的希望。

其實，犯錯誤未必是件壞事。從錯誤中汲取經驗教訓，再一步步走向成功的例子也比比皆是。西鄉也會時常進行自我檢討，對於他人所犯的錯誤，往往也抱以寬容的態度。比如上野之戰，因為大村的失誤導致西鄉部隊受到重創，西鄉卻並未對此事耿耿於懷，但這並不表示他是一個放縱失誤的人。西鄉堅持認為，對每個錯誤都需清醒認識。所謂「改過首當知所以誤」，犯了錯誤要認真分析，知道錯在何處，以避免重蹈覆轍。

人們在現實中都追求正確、反對錯誤，可如果被這種觀念束縛就很難進步。犯錯是創造性思考必要的副產品，有的時候正是因為人們犯了錯才最終走向成功。因此，當出現錯誤時，我們應該瞭解錯誤的潛在價值，然後把錯誤當做墊腳石，從而產生新的創意。事實上，人類的發明史、發現史到處充滿了錯誤假設和失敗觀念。哥倫布以為他發現了一條到印度的捷徑；開普勒從計算失誤中偶然間得出行星間引力的正確概念；大名鼎鼎的發明家愛迪生因為不斷失敗，而知道了上萬種不能製造電燈泡的方法。

但是，一個人若對自己的缺點、錯誤停留在表面認識而不用行動改變，那麼正視自己也失去了意義，因此我們不僅需要敢於承認錯誤，更需要敢於改正錯誤。承認是前提，改正則是正視自己的核心。有勇氣承認，更要有勇氣改正，把改正作為全新的起點，整裝待發。

聰明人一定要學會善待自己。人生總會有種種錯誤、挫折、痛苦和折磨，這時請不要閉鎖你的心靈，不要讓自己的心靈佈滿陰雲，不要拋開生活中美好的東西，要敞開你的心靈，迎接生活中的美好。**錯誤是暫時的遺憾，而錯過則是永遠的遺憾。無論是自己還是他人犯了錯誤，都要迅速踏過錯誤，汲取經驗教訓，不再犯錯，這樣才是真正的改過。**

不為失敗找藉口

人難免犯錯誤，西鄉隆盛也是如此。某次，有人問他是如何對待人生所犯的錯誤時，西鄉說了這樣一番話：「改正錯誤的時候，只要明白自己錯在哪裡，就是一件好事情。及時改正錯誤後，馬上將此事拋諸腦後，向前踏出新的一步。一個人如果總是為已經犯下的過失而悔恨，患得患失，欲彌補錯誤造成的損失而費心勞神，也於事無補。」

面對失誤，老老實實地承認才是正確的做法。

藉口是我們失敗，做錯事的擋箭牌；是我們敷衍別人，原諒自己的護身符；是我們逃避責任的表現。失敗並不可恥，可恥的是為自己的失敗找尋藉口。

福特汽車的創始人亨利．福特在製造著名的V－8汽車時，明確指出要造一個內附八個汽缸的引擎，並指示手下的工程師們馬上著手設計。

但其中一個工程師卻認為，要在一個引擎中裝設八個汽缸是根本不可能的。他對福特說：「天啊，這種想法簡直是天方夜譚！以我多年的經驗來判斷，這是絕對不可能的事。我願意和您打賭，如果誰能設計出來，我寧願放棄一年的薪水。」

福特先生笑著答應了他的賭約，他堅信自己的設想：「儘管現在世界上還沒有這種車，但無論如何，我想只要多搜集一些資訊，並把它們的長處廣泛地加以分析和改進，是完全可以設計和生產出來的。」

後來，通過對全世界範圍內的汽車引擎資料的搜集、整理和精心設計，結果奇蹟出現了，工程師們不但成功設計出八個汽缸的引擎，而且還正式生產出來了。

那個工程師對福特先生說：「我願意履行自己的賭約，放棄一年的薪水。」

此時，福特先生嚴肅地對他說：「不用了，你可以領走你的薪水，但看來你並不適合在福特公司工作了。」

那個工程師在其他方面的表現很不錯，但僅僅憑藉自己現有的知識和經驗就妄下結論，而不是積極主動地廣泛搜集相關資訊。不去尋找方法，只是一味尋找藉口。只找藉口不找方法的人，是很難取得突破性的成就的。

不找任何藉口看似冷漠，缺乏人情味，但它可以激發一個人最大的潛能。在做錯了事情時，藉口是安慰自己的一個漂亮幌子，但這種安慰是有害的，它暗示自己：我克服不了這個客觀條件造成的困難。在這種心理暗示的引導下，人們就不再去思考克服困難、完成任務的方法，會磨滅人們積極進取的精神。

永不找藉口是一種美德，也是為人處世、辦事做事的最高深的學問。**不尋找藉口，就是永不放棄；不尋找藉口，就是銳意進取**。

那些靠自己努力改變命運的人也都只是普通人，他們唯一與常人不同的是他們在平凡的工作和生活中付出了巨大的努力，傾注了全部的熱情，忍受了種種挫折。

而那些喜歡為自己的懶惰和失敗找藉口的人，總是喜歡把「不」、「不是」、「但是」、「沒有」這些口頭禪掛在嘴邊。為自己的錯誤辯解，不如把尋找藉口的時間和精力用於實幹，認真琢磨下一步該怎麼做，為如何把事情做好尋找更好的方法。

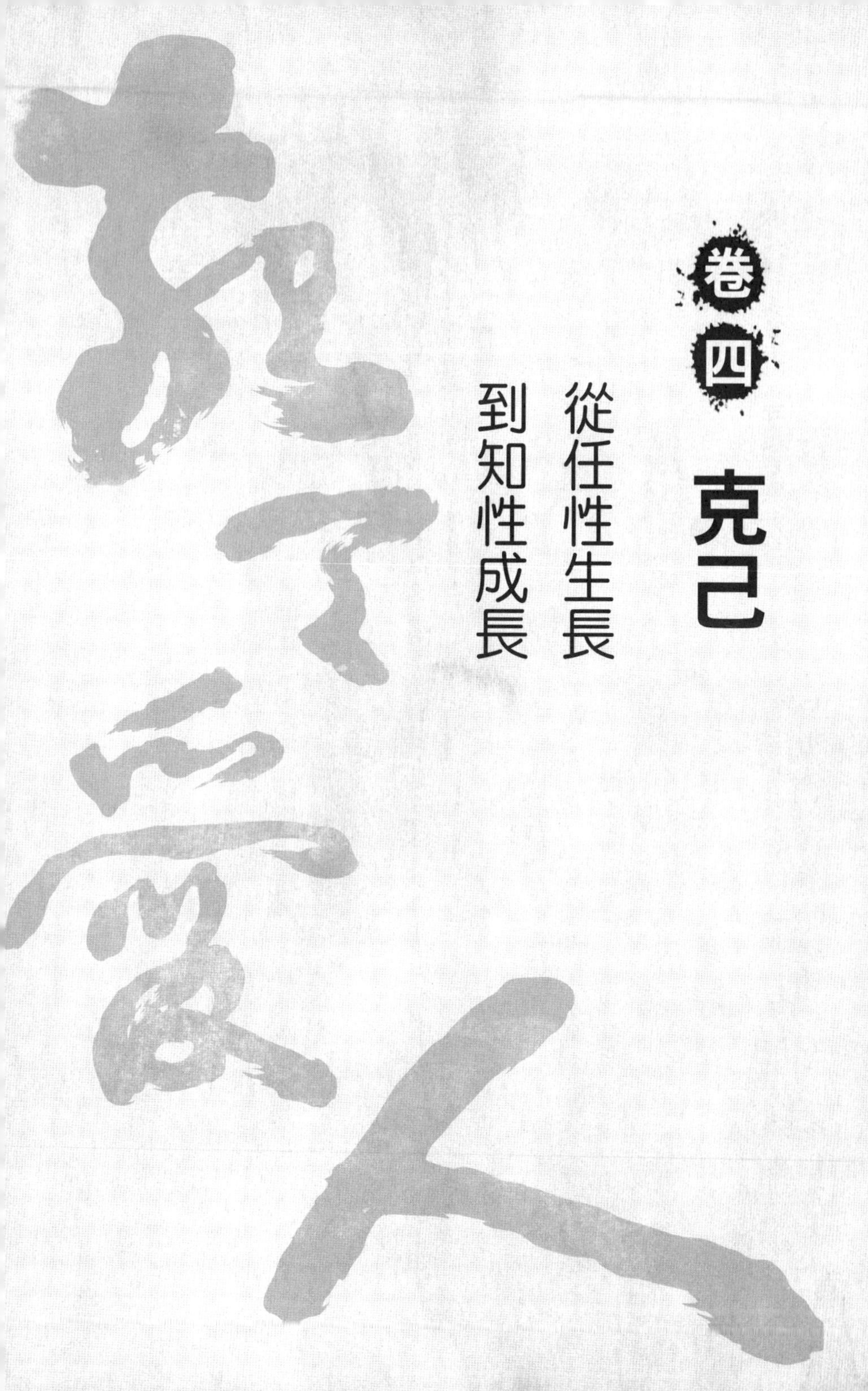

卷四 克己

從任性生長到知性成長

第十三則

克己，即自我管理、節制欲望。如果縱欲而不知節制，容易導致任性妄為，甚至誤入歧途。即使是已經取得一定成就的人，也會因此一敗塗地。所以，我們要注意管理好自己，實現知性成長。

【遺訓】

凡人皆以克己成，以縱己敗。觀古今人物，事業初創之其事大抵十之成七八，餘二三終成者稀。蓋因初能謹言慎行，故功立名顯。然不覺愛己之心，恐懼慎戒之意弛。驕矜之氣漸漲。恃既成事業，苟信己萬般皆能，則陷不利而事終敗，皆自招也。故克己，人未睹未聞處慎戒也。

【釋義】

大多數人都是因為自我管理而成功，因為自我放縱而失敗。縱觀古今人物，完成事業初建目標的人占十之七八，餘下的十分之二三中能善始善終的卻很少。探究其中緣由可知，事業初創時大多數人都能做到自我約束，謹言慎行，從而能獲得功成名就。然而，功成名就後便不知不覺地滋長了愛己之心，自省自誡也就隨之鬆懈了。於是自驕自矜的心氣日積月累，便坐吃山空，自以為是，靜待成功的到來，最終卻功虧一簣以失敗告終，這都是自作自受。

因此，克制自己，哪怕在沒人監督、沒人叮囑的情況下也要懂得自律、自誡，謹言慎行。

成功後也要保持警覺

在日本明治維新三傑中，西鄉的功勞可謂最大，也是最受人們擁戴和喜愛的武士。面對榮耀與功業，人難免都會驕矜自喜，若不警醒，久而久之，必定導致失敗。西鄉深知這一點，所以他常常告誡自己和弟子們要懂得「克己」，不管在什麼時候，都不能放縱自己。

強不可恃，勝不可驕。即便擁有了顯赫地位、驕人成績，也只能代表你過去的成績，並不能說明你永遠都是成功者，永遠都是勝利者。因此**越是在覺得自己了不起的時候，越要有所警覺，有所收斂，防止一失足成千古恨**。

在春秋時期，越王勾踐與吳王夫差便把「敗於成功」的道理演繹得淋漓盡致。先是吳越大戰，越國把吳國殺得大敗，之後勾踐被勝利衝昏頭腦，疏於警惕與防備，被逆境中奮起的夫差打得落花流水，不得不捨身為奴以求活命。夫差得勝之後又得意忘形，開始貪圖享樂，荒淫誤國，最後又被臥薪嚐膽的勾踐打敗後自殺身亡。

人生的各種險境中，最可怕的就是身處險峰卻高視闊步，吳越之爭留給後人的絕不僅是一場臥薪嚐膽的復仇，而是勝利與驕矜的博弈。

《孫子兵法》曰：「勝不妄喜，敗不妄餒。胸有驚雷而面如平湖者可拜上將軍。」當一個人做出了一定的成績，往往會得到很多讚譽和掌聲。這時，人難免飄飄然起來，逐漸驕傲，走在大家面前時也高昂著頭，自覺甚好，長此以往，這種心理便會形成習慣，變得唯我獨尊、驕傲自大。

要知道，人貴在有自知，在任何方面，我們都無法保證自己永遠高人一籌。因此，當我們取得一定成就的時候，要懂得克己，因為得意忘形，忘形傷本，忘本失性。西鄉的一生起起伏伏，有榮耀也有恥辱，但無論何時，他都保持清醒，時時自省，為人謙遜。

從容面對成功，在成功之後還能保持一份清醒的自知之明，並不是所有人都能做到的，西鄉的克己自省是在長期的戰爭與政治風雲中培養起來的。

不管功勞有多大，都不能心高氣傲，得意忘形。強不可恃，勝不可驕，適時低頭，把握這樣的分寸，不僅可以給自己免禍，也是保持進步所必需的品格。

先處理心情，再處理事情

人最大的敵人是自己，要戰勝別人首先要戰勝自己。人如果戰勝了自己，那不論是工作還是生活都將一帆風順。但是，想要戰勝「自己」又談何容易。

「凡人皆以克己成，以縱己敗」。這裡的「己」，指的是在欲望面前俯首稱臣的自己，指的是忘記了自律、自誡的自己。一個不懂得管理自己的人做不了大事。然而，控制自己說起來容易，做起來則實在不易，著名的巴頓將軍就曾因情緒失控險些被撤職。

巴頓將軍在某日到前線醫院看望傷患。他走到一位病人前，病人正在抽泣。

巴頓將軍問：「為什麼抽泣？」病人抽泣說：「我的神經不好。」

巴頓又問：「你說什麼？」病人回答說：「我的神經不好，我聽不得炮聲。」

巴頓將軍突然大發雷霆：「對你的神經我無能為力，但你是個膽小鬼！」之後，巴頓依然難以洩恨，又給了這個病人一個耳光，喊道：「我不允許一個王八蛋在我們這些勇敢戰士的面前抽泣。」他接著大聲對醫務人員說：「你們以後不能接收這種懦夫，他們一點事也沒有，我不允許這種沒有半點男子漢氣概的膽小鬼在醫院內占位置。」

巴頓將軍轉頭又對病人吼道：「你必須到前線去，你可能被打死，但你必須上前線！如果你不去，我就命令刑隊把你斃了。」

這件事很快被披露出來，在美國國內引起了強烈的迴響。好多母親要求撤巴頓的職，還有一個人權團體要求對巴頓進行軍法審判。儘管後來馬歇爾將軍從大局出發，巧妙化解了這件事，但巴頓還是因為打罵士兵而聲名狼藉。

「克己成，縱己敗」，不能在情緒上克制自我的人，很難期望他能在大事面前保持冷靜，也就無法實現知性成長。輕易動怒是有損名聲和有害身體的行為，而且也會影響到周圍的人，明智者很少隨意宣洩自己憤怒的情緒。

一八六二年，西鄉因為沒有得到薩摩藩的實際掌權人久光的授權，就前往大阪和尊皇派的激進分子密切合作，想要將外國人從日本驅逐出去，而久光一直認為將外國人趕走是不可能的。這一做法澈底和久光背道而馳，西鄉被第二次流放到一個小島上。他十分絕望，也很憤怒，但這次他沒想到自殺，而是對島上的朋友說：「因為怒火和挫敗感而結束生命是極其錯誤的。」他積極調適自己面對命運的挑戰。

在遇到如此的打擊下，仍能夠冷靜而不憤怒，這是一種境界很高的特質。**沒有一種勝利比戰勝自己和自己的衝動情緒更偉大，因為這是意志的勝利**。它是避免麻煩的明智之途，也是獲得他人尊重的途徑。易怒不會給你帶來任何好處，而忍耐和克制情緒往往能助人成事。

凸顯人智慧一面的就在於能自控情緒，別在興奮時許下承諾，別在憂傷時做出回答，別在憤怒時做出決定。三思而後行，做出睿智的行為，知性才能伴隨人的左右，修養才能凸顯人前。

第十四則

要帶好一個團隊，領導者要成為眾人的表率，把大家凝聚成一個整體。做好表率，首先個人素質修養要高，其次要具備領導的才能。如果領導者不具備吸引屬下的人格魅力，則很難服眾，也就做不了好領導的角色。

【遺訓】

居上者當慎己正行、恭行節儉、去除奢泰，且勤於政務，以為萬民表率。若然不能使民憐其辛勞，則未得人心，其政令亦不能行。

【釋義】

身居高位的領導人，應時刻做到謹言慎行，端正品行，戒焦躁，戒奢華，力求節儉，勤於政務，爭取成為萬眾爭相效仿的模範。如果領導者不能使百姓體恤他的用心良苦，就是還沒有得到人心，那麼政府的方針政策將難以順利落實。

先管理自己，再領導別人

行動是無聲的教導，再多的鼓勵和安慰也比不上實際行動的模範作用。西鄉認為管理者應該做出表率，身體力行，他提出一個理念——身正為範、德高令行，即以自我完善為領導他人的第一步。

任何人想要領導別人，首先要管理好自己。沒有良好的品格與作風，就無法成為合格的領導。西鄉能夠得到人們的擁護和愛戴，就在於他自身具備讓大家信服的能力。他在第二次流放期間，寫給舅舅的信中稱他的朋友有著「節制的生活習慣和堅定的忠誠，超越了生與死的界限」，這裡所說的節制就是指自我管理能力，西鄉欣賞的是有著強烈的自覺意識和自我管理能力的人。

以現代管理制度為例，在管理中最容易破壞制度的就是制定制度的人，要知道，規則是給別人制定的也是給自己定的，因此管理者要加強自我管理。管理者要嚴格要求自己，才能得到廣大下屬的愛戴，帶出強大的隊伍。

艾柯卡就任美國克萊斯勒公司經理時，公司正處於一盤散沙的狀態。他認為管理人員的全部職責就是動員員工來振興公司。在公司最困難的時候，艾柯卡主動把自己的年薪由一百萬美元降到一千美元。很多員工因此十分感動，也都像艾柯卡一樣，不計報酬，團結一致，自覺為公司勤奮工作。不到半年，克萊斯勒公司就一改往日虧損的狀態，步入正軌。

艾柯卡帶頭降低年薪起到了很好的表率作用，使公司成功渡過了危機。在公司的困難時期，老闆的表率作用尤其重要，領頭人挺住了，跟從者才能挺住，公司才可能走出困境。當處於困境時，管理者尤其要身先士卒，做出榜樣，帶給下屬信心與保障。如果管理者自己先亂了陣腳，手足無措，其他人自然會打退堂鼓。

缺少自我管理，人就好像無人操作的陀螺，雖然動作不斷，可是卻搞不清楚到底是往前、往後或是原地打轉。

管理有效，才能執行有力。「勝人者有力，自勝者強」，真正的強者首先要掌控自我。這絕不只是對領導者提出的要求，任何事業要保持蒸蒸日上，就要團隊中的每個成員都保持高效的自我管理能力，從決策人到管理者再到執行者，都是如此。生活中也是同樣的道理，為實現自我管理，研究者根據多數人的心理提出了以下建議：

第一步，實現自律。一個自制力不夠的人，很難為眾人「表率」，得不到支持，必定影響政令的施行。這也是西鄉指出的實現自我管理的第一步。

第二步，為自己設定目標。大多數人不是自己沒有目標，而是目標過於遙遠。目標不僅要明確，還要將目標分成小單位，專心地一次完成一個，逐步達到目標。西鄉提出的慎己正行、恭行節儉、去除奢泰，以及勤政、成為表率幾個方面也不是一蹴而就的，要勤力不輟，一步步達到。

第三步，管理時間。首先要知道時間主要用在哪裡，保留一段不受打擾的時間，讓工作更專注；學會授權及設定優先順序，是時間管理的關鍵，敢於說不，多給別人承擔責任的機會。

第四步，情緒管理。將每個瓶頸視為前進的跳板，調整心情，找到健康的出口。

第五步，自我反省管理能力。反省是成功的加速器，經常反省自己，可以去除心中的雜念，理性地認識自己，清晰地對事物進行判斷，也可以提醒自己改正過失。只有全面地反省，才能真正認識自己，只有真正認識了自己並付出相應的努力，才能不斷完善自己。因此，每日反省自己是不可或缺的。不斷地檢查自己行為中的不足，及時反思自己失誤的原因，就能夠不斷完善自我。

對於自我管理，從方向上分析，主要是專業知識、熟練技巧、工作態度、行為習慣，當然，還要定期進行自我評估，如以自身水準為依據、以優秀同仁水準為依據，等等。通過評估來發現差距，進而縮小差距，不斷提升個人的自我管理水準，增強個人在職場中的競爭力，通過有效的自我管理不斷向成功邁進。

偉大先從管理自己開始，這是西鄉哲學中克己自勵最重要的部分，他本人在自律克己上要求甚高，從心志氣魄到尋常小事無不如此。

做自燃型的人

關於領導者要具備修養這一點，西鄉隆盛有很多論述，在遺訓中他提出唯有身正、勤政、能為人表率的人，才能得到眾人的擁戴，才是一個合格的領導者。從當時看，這是西鄉對當政者提出的要求，寄予了他個人的政治理想，但同時這則遺訓也是西鄉對個人修養的一種期許。

作為倒幕運動和明治維新的重要領導者之一，西鄉很清楚修行欠缺者、激情不足者不能成為帶動眾人的人，是無法勝任領導工作的。

人可分成三種類型：自燃型、可燃型和不燃型。自燃型的人比較堅強，他們很容易把自己燃燒起來，發出光和熱；可燃型的人像木材或煤塊，找得到火種，他們才可以燃燒；而不燃型的人沒有被點燃的可能，即使有了火種，卻依然冰冷，無動於衷，甚至會潑冷水。

只有自燃型的人才有可能成為優秀的領導者。從西鄉的經歷來看，他屬於自燃型一類的人，他在燃燒的同時又感染和帶動他人，天生具備領導者應有的品質。

根據歷史記載，明治維新時期有許多仁人志士都排除了自己的私心雜念，英勇無私地為國盡忠，西鄉隆盛便是其中的傑出代表。當時西鄉隆盛的名望已為許多人所擁護，他的人格魅力具有強烈的吸引力，使大家都想親近他。所以，以他的地位、名譽和聲望，擔任會戰的總指揮應該是實至名歸，可是為了使得大眾齊心協力，他甘心屈居參議之位被大村所差遣。因為此事大家更加敬佩他，所有人都願意向他看齊。這樣一來，大家群心合力，贏得了最終的勝利。

西鄉隆盛的一生跌宕不平，以悲劇收場，死後卻更受推崇。激情燃燒的不尋常經歷令人感受到自燃型人格的魅力。

自燃型，就是排除私心、充滿激情地主動做事，同時給予別人正面的帶動和感染。自燃者大多積極主動，絕不是機械地等待別人吩咐才行動的人，他們擁有自己的理想和強大的動力。

經營者偏愛自燃型的人才。一般經營者每天都會考慮公司應該做什麼、怎麼做才能更好等問題，所以會很需要自燃型的人。稻盛和夫就經常對公司的員工說，希望大家都能成為樂於自我燃燒的自燃型，至少是可燃型的人，公司不需要不燃型的人。因為從組織上看，不燃型的人大多過於自我，不夠積極熱情。這種負能量的巨大消耗致使公司內形不成核心的凝聚力，在企業團隊中，即使只有一位不燃型的人，氛圍也會變得沉悶壓抑，難以開展工作。

在領導別人之前，自燃性人才需要專注做事，將熱情全部聚焦在工作上，自燃性人才最可能成為一個自動自發的工作者。最好的執行者，都是自動自發的人，他們確信自己有能力完成任務。

能成大事的人大都是自我燃燒型，他們自發主動，精神飽滿，他們無須向外界索取什麼，通常在指令下發以前就行動起來，率先做出成績成為別人心中的範本。自燃型的人是事業中的主角，他們不僅用自我燃燒激勵自己，而且燃燒自己時釋放出巨大的光和熱，溫暖和點亮了他人，帶動他人也投身於事業當中。

想成為自我燃燒型的最佳手段就是熱愛自己的事業，這是成為自燃型的前提。只有愛才能熱，有了足夠的熱才能燃燒起來，而燃燒會發出更多的光和熱。

第十五則

一味追求功名利祿的人，常常忘了人生真正的意義，而那些淡泊名利的人，卻能參透人生成功的玄機。放下名利心，是做大事的必備品質。

【遺訓】

不惜命、不圖名、亦不為官位、錢財之人，困於對也。然無困於對者共患難，國家大業不得成也。此大人物之心胸，豈庸鄙所能解歟！

《孟子》所云「居天下之廣居，立天下之正位，行天下之大道。得志與民由之，不得志獨行其道。富貴不能淫，貧賤不能移，威武不能屈」者，今人仰否？答曰：「然也。非立於道之人，其心性不現也。」

【釋義】

既不顧生命安危，不貪圖虛名，也不追逐權力、財富的人，是最難對付的。然而，如果不與這樣的人同甘共苦，是難以成就國家大業的。這是大人物才有的心胸，不是一般人能理解的。

這樣的人，就像《孟子》中所說的「居天下之廣居，立天下之正位，行天下之大道。得志與民由之，不得志獨行其道。富貴不能淫，貧賤不能移，威武不能屈」。如果有人要問，現在的人是否會仰慕這樣的人呢？我會回答說：「照樣會。如果不是行正道的人，是難以呈現此種精神的。」

放下財名利

倒幕運動時期，西鄉親眼目睹了幕府統治與官吏的腐朽，也經歷了戊辰戰爭勝利後一部分人的迅速腐化，因此十分痛心。所以他引孟子的話自勵，「富貴不能淫，貧賤不能移，威武不能屈」，意思是說，人對權勢名譽的追求，如果超出了限度和理智，就會迷失自我，被權勢名利奴役。

有句諺語說：「名聲躲避追求它的人，卻追求躲避它的人。」原因就是前者過分順應世俗，而後者卻能夠棄權位名譽、大膽反抗。這樣的人雖容易遭人誤解，被指責為「傻」甚至「沽名釣譽、包藏野心」，但是西鄉卻認為這種人是不吝惜性命、不貪圖名譽權勢的人，他們的胸襟之大是那些平庸的人所不能理解的，真正有大智慧的正是那些棄生死、忘得失的人。

美國前總統喬治·華盛頓就是一個善於放下過去的功名的人。

在數年的戰爭中，華盛頓處事謹慎，富於進取精神，有忍耐力，更有魄力。在每次戰鬥中，他都騎著自己的白馬衝鋒陷陣。他用實際行動贏得了他人的崇拜和信任。

美國獨立戰爭勝利以後，人們希望有一個人能出來接管政府。在人們眼裡，華盛頓就是這樣一個人。軍隊中也有這樣的思想，甚至有軍官上書要求他做皇帝。但是華盛頓並不想當皇帝，他追求的是得到廣大人民的尊敬，他是一個視榮譽重於生命本身的人，有著強烈的共和思想。因此他在向大陸會議索要獨立自主的權力時，多次重申，一旦戰爭結束，他將解甲歸田，化劍為犁。他不願為了個人的野心而使美國在剛剛擺脫英國的殖民地統治後又重新陷入內戰之中。

和平終於來臨了，一七八三年三月下旬，英美簽署了和平協定。四月十九日，歷時八年的北美獨立戰爭結束。華盛頓時年五十一歲，他辭去軍職，向部隊告別。面對昔日生死與共的戰友，他激動不已，與他們斟酒告別。人們熱淚盈眶，紛紛與他擁抱，最後為了不使自己過於激動，他一句話也沒有說，淚流滿面地逕直離去。在費城，他與財政部的審計人員一起核查了他在整個戰爭過程中的開支，帳目清楚準確，他甚至還補貼了許多自己的錢。

辭職的他回到了家，回到了自己的農場，過上了平靜的生活。

華盛頓的辭職開創了一個影響深遠的先例，主動放棄權力是不可思議的，對於一個能隨其心願擔任任何職務的人而言，這就更令人稱奇。放下財名利並不是尋常人能做到的，它是經歷磨難、挫折後的一種心靈上的感悟，一種精神上的昇華。

西鄉因為他的人格魅力受到鹿兒島人的崇拜，他身上的「人格力量」首先就在於他的淡泊名利。作為維新的功臣，當新政府將其請回並授予其「二千石、正三位」時，他以薩摩藩主才副三位為由，堅辭不就。

其次就是不惜命。他對高官厚祿毫無興趣，但可以為支援他的人捨命而不計後果。在流放島上，西鄉隆盛便慷慨地將自己的米讓給沒有食物的流放罪人和島民，結果自己卻斷炊了。

在名位與權勢的蜜罐中，能力會逐漸被消耗一空。回顧歷史，我們會發現有很多人都有取得大成績的機會和能力，但是他們最終都沒有成功，原因即在於他們的意志和奮鬥的決心早已被名位和權勢腐蝕殆盡。

所以身在名利汪洋中，要學會為自己掌舵。「世事忙忙如水流，休將名利掛心頭。粗茶淡飯隨緣過，富貴榮華莫強求。」功成不居，名位不戀，雖然有點「為他人作嫁衣」的意味，但是一個人若是只將眼光停留在「嫁衣」上，那他也難有多大成就。

失敗不是常態，成功也不一定常在

在此則遺訓中，西鄉用孟子的話來闡釋自己的思想，「得志與民由之，不得志獨行其道」。在西鄉的哲學中，天道大義是第一位的，個人一時的得失成敗在道的面前都不重要。他還時常警醒自己，囿於得失，爭短論長，會讓人陷入欲望的陷阱，所以要時常念誦古代聖賢的語錄。

人生猶如一次航行，航行中必然會遇到從各個方向襲來的勁風，然而，每一陣風都會加快你的航速。不要抱怨生活中突如其來的暴風雨，而要心存感激，因為它們能提醒我們要在人生的航程中把穩自己的方向。西鄉仕途沉浮，飽嘗艱辛，取得明治維新的勝利之後又因被人排擠辭職回老家，但他遇到任何打擊和磨難都能保持自我，以平和的心態對待，這份淡定叫人側目。

人生的道路本來就是起起伏伏、有高有低的，但無論遇到多大的風雨，也終究會有雨過天晴的時候。不要因得失成敗而感到煩惱，成功和失敗本來就是一對孿生兄弟，它們常常結伴出現在我們的生活中。我們願意接受成功，但成功帶來的是榮耀的光環極易讓我們沾沾自喜，不思進取；我們討厭失敗，總是在失敗的時候怨天尤人，有時甚至還會一蹶不振。然而我們要明白的是，失敗不會是常態，成功也不一定會常在，寵辱不驚、去留無意的平常心才是知性成長的砝碼。

泰國的著名商人施利華是當時商界中擁有億萬資產的風雲人物。在一九九七年金融危機時，他破產了。面對如此困境，他只說了一句：「好哇！又可以從頭再來了！」於是他從容地走進街頭小販的行列，叫賣三明治。僅用了短短一年的時間，他就東山再起，並在一九九八年泰國《民族報》「泰國十大傑出企業家」的評選中名列榜首。

在施利華的身上我們看到，面對失敗他並沒有怨天尤人，也沒有一蹶不振，而是以一顆平常心去面對自己的失敗，並從頭開始，最終走出困境，再次取得成功。

對待生活和工作我們當然希望保持常勝，保持一種良好的狀態。可在遇到問題時，我們越希望做到最好，越害怕失敗，其結果往往越不盡如人意。

很多人並不是被自己的能力所打敗，而是敗給自己無法掌控的情緒。在現實工作和生活中，在激烈的競爭形勢與強烈的成功欲望的雙重壓力下，很多人往往會出現焦慮、急躁、茫然、百無聊賴等不良情緒。但追根溯源卻會發現，這些不良情緒的發生皆源自對得失成敗的煩惱，一旦它們發作，便讓人喪失對自身的定位，變得無所適從，從而大大地影響個人能力的發揮，工作效能也會大打折扣。

許多的成敗與得失，並不是我們能預料到的，也不是所有的事情我們都能夠承擔得起，但只要我們努力去做，不計得失，就會獲得一份付出後的坦然。一時的得失與成敗只是人生的副產品，想摘取最終的成功果實，必須放下得失心，接受「得志與民由之，不得志獨行其道」，用一種大度的姿態去面對輸贏得失。

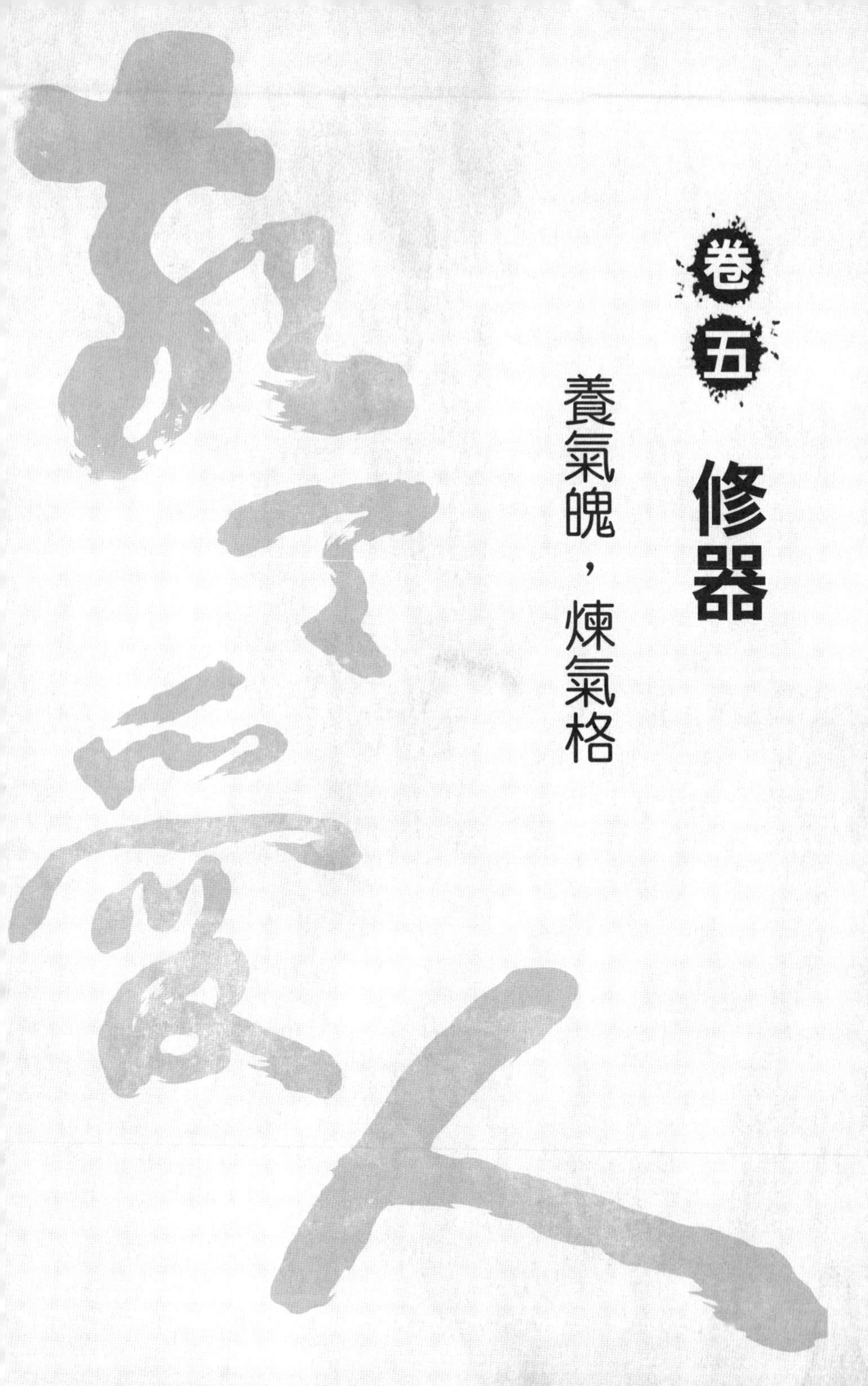

卷五 修器

養氣魄，煉氣格

第十六則

做大事的人，無不心胸寬廣，氣格（氣度和格局）恢弘，以天下蒼生為念。有容，才有膽識氣魄；胸中存天下，才能在行事過程中不計得失，不悔不懼。修成事的器量，不安於卑俗，方為大丈夫之道。

【遺訓】

恢宏氣格以自止，為丈夫者有容乃大、氣概天下，書古語諭云：

「夫恢宏志氣者之患莫大於鄙俗狹吝，不知以古人氣格仰止。」

夫唯古人仰止者何耶？堯舜以為帝範，聖人以為師則。

【釋義】

有恢弘、宏大的氣格而能自律自戒，才是「大丈夫」。所謂大丈夫，是心胸寬廣能容天下人的人，而不是被他人包容的人。書中古語有云：「恢宏其志氣者，人之患，莫大於自私自吝，安於卑俗而不以古人自期。」有人問這古語有什麼樣的內涵？我告訴他，就是以堯舜為楷模，以孔子為老師的意思。

要有成事的氣度和格局

西鄉的一位朋友形容他是「器如懸鐘」，說他氣魄偉岸、腹有卓識，就像一口大鐘，「弱沖則微鳴，重創則大鳴，其聲可遠播千里，其視可幅蓋天下。其若愚若智，實乃大智」。

大氣而志存高遠的人才說得出「恢宏氣格以自止，為丈夫者有容乃大、氣概天下」這樣的話。大丈夫在世為人，當有恢弘志氣，頂天立地，西鄉隆盛這番豪言和氣概動人至極。歷史上有許多人物都具備這種氣概非凡的特質。

德川家康作為日本最後的、成熟的幕府制度的總設計師，他的人生是日本歷史上濃墨重彩的一筆，但是德川家康的起步歷程卻有些暗淡。他少年多艱，三歲時被迫離開了生母，十歲時又失去了父親。在今川府被人當成棋子，在十三年的人質生活中，他寄人籬下，婚娶安排全不由己。就算獲得自由後，他也不過是一個普通的大名，在諸侯紛起的「戰國時代」籍籍無名。

德川家康在當人質的末期，曾獲准回岡崎掃墓。年少的德川家康看著垂頭喪氣的家臣近藤，難過地說：「各位為我松平家吃苦了，真是抱歉。事情發展到今天這個地步，請你們原諒。在我回來之前，請大家務必忍耐。」

這是他作為岡崎的少主第一次說出這樣的話，那時他也不過十幾歲，但是家臣們大受鼓舞。從此以後，無論今川人如何為難，他們都忍耐著，等待少主重新回到岡崎。果然，今川氏在與織田家的戰爭中大敗，德川家康終於回到了自己的領地，開始重振岡崎。

德川家康對當時的戰亂形勢有著與眾不同的想法，他認為戰亂只會讓百姓更加窮困，必須結束戰爭，「一統天下」。統一不僅是對權力的追逐，更是對黎民百姓的解放，他曾對自己的家臣說：「我所為者，乃是為了天下！」抱著這樣的想法，懷著這樣的抱負，每逢戰爭，德川家康都儘量避免過多殺戮，減少因殺戮而埋下復仇的種子。

儘管在西鄉的時代德川家已然沒落，但我們應當持公允的態度評價歷史，德川家康在群雄並起的戰國年代，結束日本一盤散沙的分裂局面，功不可沒。在開創功業的過程中，他當隱忍處能隱忍，當奮起時又能以黎民百姓的生計為己任，不濫殺，不沉迷於權力，最終開創德川幕府百年基業，這和德川家康胸懷天下的氣概和為國為民的理想不無關係。

大氣概雖與人的稟賦有關，但也並非都是天生而成，而是從生活的一點一滴中修煉出來的，在每個日常細節中灌注自己的人格、理想和信念，使之成為自然流露的內在修養和處世氣質。

西鄉的「氣格」便是孟子所說的「浩然正氣」，指的是品格和志向上的一種宏大氣質，也是一個人的修養和人格精神在氣度上的體現。氣度大了，格局才開；格局開了，事業才大。

東漢一代梟雄曹操曾言：「大丈夫者，胸懷大志，腹有良謀，包藏宇宙之機，吞吐天地之志，創不世之基業，立不世之奇功。」這才是真正的大丈夫，但其標準之高，也讓當今之人望而卻步。

當下，我們周圍的世界在不斷拓寬，人的志向卻變得越來越渺小，小到只想站立於方寸之地，只想獲取眼前的利益；人們的腦容量越來越大，心胸卻變得越來越小，小到除了個人的得失、情感的糾結，便再也容不下其他的東西；**時代進步得越來越快，我們追隨的腳步也越來越快，快到眼中只能看見自己的腳尖，而忘記了仰望無垠的天空、俯瞰遼闊的大地**。

而那些建立豐功偉績，名垂青史的偉大人物，無不站得高，看得遠，有大肚量、大志氣。大目標幹事業，小目標只能過日子。任何一個欲開創一番事業的人都應以偉大人物的器量激勵自己，培養大眼光，樹立大目標。

所謂「功名看器宇」，「器宇」是一個成功者的「相」，意思是說，修出一份成功者應當具備的器量和氣宇。誠如西鄉所言，「以古人氣格仰止」，「以聖人為師」，歷史上許多大人物為今天的人們立下了光輝的典範，我們在規劃人生，立下宏願之前，不妨修習一下他們的人格和氣度。

最重要的不是位置，而是視野有多廣

一八六四年九月，日本幕府海軍總司令勝海舟與西鄉初次會面，之後說出了這樣的評價：「原本我以為在見解的深刻和論據的充分兩點上，我有著非常大的優勢，足夠桀驁眾人，然而這個想法在與西鄉會面之後被改變了，關於這點我也覺得震撼，但我必須承認，擁有超乎眾人的洞察力與見識，也許這正是眾人所期待的那個能夠擔當天下大任的人。」

西鄉隆盛具備非比尋常的洞察力，是因為他有著豐富的見識，而豐富見識的積累則與他開闊的胸襟有很大關係，能做到「氣概天下」，自然就能「知天下」。

一個氣魄偉岸的人會遠離「鄙俗狹吝」，追隨大人物，成就大事業。一個人的世界有多大，取決於他視野的大小，視角越大，獲得成功的機會也就越多，志在頂峰的人不會落在平地，甘心做奴隸的人永遠也不會成為主人。**高度決定視野，試著提高自己的視點，重新定位自己，就會發現一片新的天地**。

一個乞丐站在路旁，身邊放了幾個橘子。一名商人路過，向乞丐面前的紙盒投入幾枚硬幣後，就匆匆忙忙地趕路了。過了一會兒，商人回來取走乞丐身旁的橘子，並說：

「對不起，我忘了拿橘子，你我畢竟都是商人。」

幾年後，這位商人參加了一次高級酒會，遇見了一位穿戴整齊的先生向他敬酒致謝，並說他就是當初賣橘子的乞丐，而他生活的改變，則得益於商人的那句話──「你我都是商人」。

如果乞丐沒有遇見商人，將自己的人生一直定位於乞丐，那麼他永遠也不會走進商人的世界，因為他永遠不會用一個商人的視角看世界。

人心的體積很小，但能容納的世界卻可以很大。調整視角，心就可以變得和世界一樣無限廣闊。一個人的視角若只侷限在眼前，就容易變得短淺，就常會為小事糾結。

要想改變自己的命運，應先改變自己的定位，給自己一個新的高度，擴大自己的視角。視角變大了，我們才有體察更多的生命風景的可能。「橫看成嶺側成峰，遠近高低各不同。」如果換個視角看風景，便有不一樣的風采；換個角度看人生，也會有許多不同的發現。

視野的開闊有助於更好地看清問題的本源，更容易發現癥結所在，從而更快地找到解決問題的方法。觀念的拓展能讓人多角度地看問題，從而產生多種處理問題的方法。

人生最重要的不是所站的位置，而是看問題的視角。**人生的格局也許難以改變，但怎麼看卻是由你來決定的。你改變不了環境，卻能改變自己；改變不了事實，卻可以改變自己的態度；無法改變過去，卻可以把握現在；生活中或許不能樣樣順心，但**

至少可以做到事事盡心。一個人生命的長短由天定，然而，生命的寬度與廣度卻是由自己決定的。

世界上最難攻破的不是那些堅固的城堡和城池，而是自己為自己編織的「心理牢籠」。亦如西鄉所言，自私自吝，安於卑俗的人很難有開闊的胸襟，也很難主動聽取別人的意見。用一種僵化的觀念束縛住手腳，不肯抬起頭看一眼世界的遼闊和日新月異，就等於為自己的心靈上了一把鎖，人生也難有進步。

第十七則

人生總會遭遇無數困苦和逆境，挫折是生活的財富，經受過苦難的人才能身處逆境而不動搖，不膽怯，不過於看重生死成敗。

【遺訓】

行道者，顧逢困厄，立何等艱難之境，事之成否、身之死生，無關也。予自壯年屢罹艱難，故今遇何事，皆不動搖，實乃幸也。

【釋義】

依正道而行的人，在遭遇艱難困苦時，不管身處何等險境，不論最終事情成敗與否，也不管自己是生是死，都沒有必要殫精竭慮。我年輕的時候曾多次遭遇困境與不幸，所以，無論現在我遇到什麼事，都能矢志不渝，這實在是一樁幸事。

「年輕時的苦難，出錢也該買」

西鄉隆盛的家鄉流傳著這樣一句俗語：「年輕時的苦難，出錢也該買。」他的一生遭遇了無數常人所不能忍受的艱難，這些卻恰恰磨礪了他勇敢堅定的品格。所以他後來說：「故今遇何事，皆不動搖，實乃幸也。」

其實，幸與不幸，取決於我們怎麼看待，成長的起點多半始於挫敗。與其在不幸中怯懦或抱怨，不如坦然些，想想下一步該怎麼做，只要認清方向並不懈努力，成功之路就在腳下。

她，從小就「與眾不同」，因為小兒麻痹症，她連正常走路都做不到。寸步難行的她非常悲觀和憂鬱，隨著年齡的增長，她的憂鬱和自卑感越來越重，她甚至拒絕所有人的親近。但也有例外，鄰居家的殘疾老人是她的好夥伴，老人在一場戰爭中失去了一隻胳膊，但他非常樂觀，她很喜歡聽老人講故事。

有一天，她被老人用輪椅推著去了附近的一所幼稚園，操場上孩子們動聽的歌聲吸引了他們。當一首歌唱完時，老人說：「讓我們為他們鼓掌吧！」她吃驚地看著老人，問道：「我的胳膊動不了，你只有一隻胳膊，怎麼鼓掌啊？」老人對她笑了笑，解開衣服扣子，露出胸膛，用手掌拍起了胸膛……

那是一個初春的早晨，風中還有幾分寒意，但她突然感覺自己的身體裡湧起一股暖流。老人對她笑了笑，說：「**只要努力，一個巴掌也可以拍響**。你一定能站起來的！」那天晚上，她讓父親寫了一張紙條貼在牆上：「一個巴掌也能拍響！」從那之後，她開始積極配合醫生做復健。無論多麼艱難和痛苦，她都咬牙堅持著。有了一點進步，她又以更大的受苦姿態來求更大的進步。甚至在父母不在家時，她自己扔開支架試著走路。蛻變的痛苦牽扯到筋骨，但她堅持著，相信自己能夠像其他孩子一樣行走、奔跑。

十一歲時，她終於扔掉支架，開始向另一個更高的目標努力著：鍛煉打籃球和參加田徑運動。一九六〇年，羅馬奧運會女子一百公尺決賽，當她以十一秒十八第一個抵達終點後，掌聲雷動，人們都站起來為她喝彩，高呼著她的名字：「威爾瑪．魯道夫！威爾瑪．魯道夫！」那一屆奧運會上，威爾瑪．魯道夫成為當時世界上跑得最快的女人，她共摘取了三枚金牌，也是第一個黑人奧運女子百米冠軍。

只要擁有希望，就沒有走不出的人生低谷。我們不能因為一時的挫折就把自己的一生永遠困在逆境的泥沼中。威爾瑪．魯道夫沒有被童年時的疾病擊倒，沒有在挫折中自怨自艾、悲觀失望，而是比任何人更加樂觀、勇敢和勤奮，最終她收穫了成功。

許多時候，乍看的不幸往往是幸運，迴避人生的壁壘等於拒絕機會。在不幸面前，自怨自艾、自暴自棄是弱者的行為。

西鄉隆盛年輕時經歷過多次失去親人的打擊，並在失去雙親後擔負起一家之主的職責，以微薄的俸祿養活全家，生活十分艱難，而且他一生幾次死裡逃生，在令人絕望的環境中頑強地活了下來，這種平靜與堅忍與他的身經百戰有很大關係。

俗語說，難得少年貧，少年時的貧苦逆境正是對一個人的考驗，人生的苦難際遇和坎坷經歷，都是成長的催化劑。年少時經受磨煉，不斷在困苦中精進的人，往往能有更大的成就。

人的一生就像天氣，有冷有熱，有陽光也有風暴。漫長的旅途中，有一馬平川的大路，也有很難邁過去的溝壑。不要抱怨生活給予你太多的磨難，不必抱怨你的生命中有太多的曲折。大海如果失去了巨浪的翻滾，就會失去雄渾；沙漠如果失去了飛沙的狂舞，就會失去壯觀；人生如果僅求得兩點一線的一帆風順，生命也就失去了存在的魅力。

其實人生中的一道道門檻，邁過了就是門，邁不過就是檻。不管遇到怎樣的艱難，能否挺過去，取決於自己的心。換個角度看問題，結果可能就會大不一樣：**蟲子所謂的世界末日，恰恰就是蝴蝶破繭而出的時刻**。因此，少年時的不幸絕不是壞事，這種困苦終會化作力量，助你在無數逆境中奮起。

保持樂觀、勇敢、努力，把看上去不幸的事變成好事。西鄉曾說：「一無所有之時，勇氣便是我唯一的武器。」在無路可走之處要走出路來，不妨如西鄉一樣依仗自己的勇氣，拋棄悲觀情緒，丟開抱怨與怯懦，以樂觀的心態看待周身的際遇，在現有條件下，盡最大的努力做好自己應做的事，這樣才能將絕境變成活路。

再艱難也要振作

西鄉隆盛曾對弟子說，「功業成敗、一己生死，皆無甚緊要」。意思是說，做大事，不論事情成敗與否，也不管自己是生是死，都無須太過在意。正如《孫子兵法》所說：「勝敗乃兵家常事。」任何事業在開創階段屢遭艱難都是很正常的事。一次勝利，需要九次失敗的磨礪，一味沉浸在失敗與危機的苦惱中是因噎廢食的愚蠢行為。

許多時候，成功需要的只是站起來的次數比跌倒的次數多一次，這多出來的一次便為成功打下了堅實的基礎。在成就事業的過程中，一個人有沒有天賦和才華並不重要，重要的是面對挫折、打擊和失敗時，有沒有能夠承受的心力和能量。如果遇到一次挫折就偃旗息鼓，那麼即使滿腹才華和一腔抱負，也無法施展出來。

現代心理學研究認為，逆商在人的作為中所起到的作用甚至超過智商與情商。在遭遇挫折時能頂得住壓力，不灰心，不氣餒，堅持奮鬥不放鬆的人，往往比徒有聰明的頭腦卻如空心的麥稈一樣，風一吹便倒伏在地的人擁有更廣闊的未來。

美國黑人投資專家克里斯·加德納沒有大學文憑，在事業開始時也非常不順。

他當醫療器械推銷員的時候，賺的錢甚至難以解決家庭的溫飽。妻子難以忍受貧困的煎熬離開了他，把兒子留給了他。他一度窮困潦倒、無家可歸，只能帶著兒子住在收容所裡。有時，連收容所也無法容身的時候，他們就只能到地鐵廁所、公園裡過夜。

對此，他自己曾說：「在我二十幾歲的時候，我經歷了人們可以想像到的各種艱難、黑暗、恐懼，不過我從來沒有放棄過。」

一個偶然的機會，他知道做證券經紀人只需要懂數位和人際關係就可以勝任，便四處尋找這樣的機會，並最終憑藉自己的執著，得到了一個實習的職位，但是這個職位必須在沒有報酬的情況下工作六個月。對於加德納來說，這是個很大的挑戰，他和兒子的生活根本毫無保障，陷入了危機之中，在極度貧困的情況下，他不得不去賣血換錢來維持生活。

即使在這樣的情況下，他仍然帶著兒子非常樂觀地生活。最終加德納成功地當上了股票經紀人，並憑藉自己的努力奮鬥，在一九八七年開辦了一家經紀公司，很快就身價百萬。

在失敗與挫折面前，克里斯．加德納沒有氣餒，即使在最黑暗的時刻也從不放棄，而是讓自己不斷地向高處攀登。

偉大的心胸應該表現出這樣的氣概：用笑臉來迎接厄運。人的一生絕不可能是一帆風順的，有成功的喜悅，也有擾人的煩惱；會經歷波瀾不驚的坦途，更有佈滿荊棘的坎坷與險阻。而失敗正是人們走向成功的開始。**許多人之所以獲得最後的勝利，就是受惠於他們的屢敗屢戰**。

一個沒有遭遇過大失敗的人，不知道什麼是大勝利。在狂風暴雨的襲擊下，心靈脆弱者往往坐以待斃，但意志堅定的人卻仍舊充滿自信，因此他們能夠克服外在的一切困境，最終獲得成功。

最使人疲憊的往往不是道路的遙遠，而是心中的鬱悶；最使人頹廢的往往不是前途的坎坷，而是自信的喪失；最使人痛苦的往往不是生活的不幸，而是希望的破滅；最使人絕望的往往不是挫折的打擊，而是心靈的死亡。如果失敗之後還能呼吸，那就不要心灰意冷，再艱難也要振作。

遭遇困難時，先試著想辦法，哪怕只找到一個，就能解決問題。再絕望的處境，只要不灰心，矢志不移地前行，總會迎來光明。要知道，只要你不放棄，你腳下的路就在延伸。

跌倒了再站起來不難，難在一次次受挫，卻能屢挫屢戰。依西鄉所言，遭遇困厄時，連生死都要拋開，那還有什麼不可拋，還有什麼可懼怕的呢？

第十八則

人到了困難時刻，做事要有不妥協、不服輸的精神，要以不妥協、不服輸的精神在無路處闖出一條路來。有時寧可失敗，也不可失氣節、輸氣勢，更不能委曲求全，否則只會自取其辱。

【遺訓】

行正道，以國斃之精神，方可與外國交際。畏彼之強大，主圓滑，曲從彼意，則招輕侮，欲親反裂，終受彼之制矣。

【釋義】

具備了堅持正道的勇氣，有賭上國家前途的氣魄，才可以和外國順利交涉。不然，一味畏懼外國的強大，屈從外國的淫威，圓滑行事，曲意逢迎，只會招致屈辱，不僅無法達到結交的目的，還可能導致關係破裂，最終受制於人。

有硬氣和硬骨

西鄉隆盛有一首流傳頗廣的以中文寫成的古體詩——《謫居詩》，是他在安政大獄後所寫。原詩錄下：

朝蒙恩遇夕焚坑，人生浮沉似晦明。
縱不回光葵向日，若無開運意推誠。
洛陽知己皆為鬼，南嶼俘囚獨竊生。
生死何疑天賦與，願留魂魄護皇城。

西鄉將自己比做向日葵，願一生朝向太陽的方向，表達了他忠君勤王的志向。

西鄉認為，與外國交涉時，不可畏懼外國的強大，而要堅持一個獨立國家應有的節氣，不能因為恐懼而屈節。而人生存於世也當如此，所謂「士可殺不可辱」，倘若連立身之本的尊嚴和氣節都丟了，那麼即使成功了，也不過是苟且的功業。

若是沒有一股硬拚的氣節，是決然成不了大業的，更稱不上是大英雄。凡古今之成大事者都有大氣象，什麼叫大氣象？就是「笑覽風雲動，睥睨大國輕」，就是有「俯仰天地之氣概」。

不僅成大事者如此，平凡的人也可以擁有不畏強權，不屈服於強大勢力的氣概和精神。美國「民權運動之母」羅莎．帕克斯便為了爭得平等的權利和尊嚴，對抗強權，不屈不撓，以平凡的身份做出了不平凡的壯舉。

一九五五年十二月一日，在美國嚴拉巴馬州蒙哥馬利市一家百貨公司工作了一天的黑人裁縫羅莎．帕克斯上了回家的公車。那時，公車實行嚴格的種族隔離制，車廂裡白人坐在前半部分，黑人只能坐在後半部分。可是，那天的黃昏正值下班高峰，上車的人越來越多。於是，白人駕駛員便命令坐在後排的四個黑人乘客站起來為白人讓座。其他的三個黑人乘客都照辦了，只有羅莎．帕克斯依然坐著，絲紋不動。

為了維護一個人應有的尊嚴，羅莎．帕克斯無所畏懼地向不公正的法令發起了挑戰。很快，她就被逮捕了，理由是蔑視蒙哥馬利市關於公車上實行種族隔離的法令。

此事傳開後，這一地區的所有黑人和一部分白人被激怒了。他們號召所有的黑人團結起來，不取消公車上實行種族隔離的法令，就拒絕搭乘公車！四天後，蒙哥馬利市數千名黑人從拒乘公車開始，掀起了一場波瀾壯闊的民主運動。一場在美國現代史上留下濃重一筆的、為爭取人權的民主運動開始了。他們互幫互助，或乘小車或步行，甚至寧可跑步也不乘公車。

在拒乘公車三百八十一天之後，美國最高法院被迫做出關於蒙哥馬利市在公車上實行種族隔離的法令是「違憲」的裁定。

羅莎．帕克斯勝利了，黑人又回到了久違的公車上。樸實無華的羅莎．帕克斯曾有一句著名的話：「我上那輛公車並不是為了被逮捕，我上那輛公車只是為了回家。」為什麼羅莎．帕克斯不惜冒著生命的危險，也不接受站起來給白人讓座的命令呢？美國黑人領袖馬丁．路德．金對此說：「她坐在那裡沒有站起來，因為壓在她身上的是多少日子積累的恥辱和還未出生的後代的期望。」

歷史記住了羅莎．帕克斯這個勇敢的黑人婦女的名字，在爭取自己作為一個人的尊嚴與平等權利時，她無所畏懼，用自己的言行證明了一切。

四十四年後的一九九九年六月十五日，美國各界代表近千人聚集在國會大廳，參加一個隆重的頒獎儀式，克林頓總統親自授予這個瘦弱的黑人老媪——八十六歲的羅莎．帕克斯以國會最高榮譽獎。羅莎．帕克斯也被尊為美國的「民權運動之母」。

為了坐著的權利、正義和尊嚴、子孫後代的幸福，羅莎．帕克斯沒有妥協，也沒有屈服，弱小的她向強大的不公正法律制度發出了抗議和挑戰，並獲得了最終的勝利。

為人當有硬氣、有硬骨，不可輕易妥協，喪失自己的立場。做大事須迎難而上，百折不撓，也須有退有守，隱忍待發。然而，無論用什麼方法，都不能在事關原則之處妥協。

妥協能換來短暫的好處，可是一次妥協往往會帶來更多的妥協。一退再退，最終會連做人的底線都變得模糊不清。許多人可能以為，不懂轉彎的人將在世間處處受掣。其實很多時候，擁有不肯妥協的名聲，才能最終得到自由。因為只有當一個人不輕易向世事低頭、不輕易向強權低頭、不輕易向挫敗低頭時，他才能擁有創造奇蹟的骨氣和力量。

不妥協的人是值得信賴的，勇於承擔不妥協的後果和代價的人，是值得尊崇的。西鄉的「國斃」精神是一種敢於擔負的精神，為了保持一國之尊嚴，不惜背負國家覆亡的危險，堅持道義，直言自己的主張。

硬拚、不妥協是對既定方向的忠誠，是一種做事的執著，更是一種人生的態度。堅守自己，總有一日，不肯苟且妥協和屈服的人格和原則會讓自己得到厚實的回報。

先勝在氣勢上

「推倒一世之智勇，開闊萬古之心胸」，這是宋代詞人陳亮文集中的一段，氣勢磅礡。西鄉隆盛十分喜歡這句話，曾多次和朋友提到。他自己也曾說過，與大國交往，若是畏懼對方的強勢，先行示弱，最終就會被對方壓制。因此，輸什麼也不能輸氣勢。

在面對強敵時，唯一的取勝方法就是在氣勢上壓倒對方。在面臨生死絕境時，倘若能將可能出現的最壞結果置於腦後，保持淡定安然，便是一種勝者的氣勢。

日本江戶時期是一個社會很不穩定的時期，浪人、武士依仗勢力橫行無忌。有一個著名的茶師跟隨著一個顯赫的主人。

有一天，主人要去京城辦事，捨不得離開茶師，就說：「你跟我去吧，可以每天給我泡茶。」茶師很害怕，對主人說：「您看我又沒有武藝，萬一路上遇到點事兒可怎麼辦？」主人說：「那你就帶上一把劍，扮成武士的樣子吧。」茶師只好換上武士的衣服，跟著主人去了京城。

一天，主人出去辦事，茶師就一個人在外面。這時迎面走來一個浪人，向茶師挑釁說：「你也是武士，那咱倆比比劍吧。」茶師說：「我不懂武功，只是個茶師。」浪人說：「你不是武士而穿著武士的衣服，就是有辱尊嚴，你就更應該死在我的劍下！」茶師一想，躲是躲不過去了，就說：「你容我幾小時，等我把主人交辦的事做完，今天下午我們在池塘邊見。」浪人答應他後便走了。

這個茶師直奔京城裡最著名的大武館，看到武館外聚集著成群結隊的前來學武的人。茶師直接走到大武師的面前，對他說：「求您教給我一種作為武士最體面的死法吧！」大武師非常吃驚，他說：「來我這兒的人都是為了求生，你是第一個求死的。這是為什麼呢？」

茶師把與浪人相遇的情形復述了一遍，然後說：「我只會泡茶，但是今天不能不跟人家決鬥了。求您教我一個辦法，我只想死得有尊嚴一點。」大武師說：「那好吧，你為我泡一次茶，然後我再告訴你辦法。」

茶師很是傷感，說：「這可能是我在這個世界上最後一次泡茶了。」他做得很用心，很從容地看著山泉水在小爐上燒開，然後把茶葉放進去，洗茶，濾茶，再一點一點地把茶倒出來，捧給大武師。

大武師一直看了他泡茶的整個過程。他品了一口茶，說：「這是我有生以來喝到的最好的茶了。我可以告訴你，你已經不必死了。」茶師說：「您要教給我什麼嗎？」大武師說：「我不用教你，你只要記住用泡茶的心去面對那個浪人就行了。」

這個茶師聽後就去赴約了。浪人已經在那兒等他，見到茶師，立刻拔出劍來，說：「你既然來了，那我們開始比武吧！」

茶師想到大武師的話，就以泡茶的心面對這個浪人。只見他笑著看著對方，然後從容地把帽子取下來，端端正正地放在路邊；再解開寬鬆的外衣，一點一點疊好，壓在帽子下面；又拿出綁帶，把裡面的衣服袖口紮緊；然後把褲腿紮緊……他從頭到腳不慌不忙地裝束自己，顯得氣定神閑。

浪人卻越看越緊張，因為他猜不出對手的武功究竟有多好，對方的眼神和笑容讓他越來越心虛。

等到茶師全都裝束停當，最後一個動作就是拔出劍來，把劍揮向半空，然後停在那裡，因為他也不知道再往下該怎樣做了。

此時浪人「撲通」一聲跪倒在地，乞求說：「求您饒命，您是我這輩子見過的武功最高的人。」

茶師知道自己與浪人比武必死無疑，他怕死，但更怕死得沒有尊嚴，心中有了畏懼自然就會失去克敵制勝的氣勢，成為一個卑微地祈求最後一點尊嚴的可憐蟲。而當他受到大武師的點撥，將生死之事忘於腦後，只以泡茶的心情去面對武士手中的劍時，那種一切盡在掌握之中的態度便成為一種極強的氣勢，給對手施加了極強的壓力，反而得到了不戰而勝的結果。

這實際是利用了心理戰術，所謂「狹路相逢勇者勝」。很多時候，取勝不僅在於實力，也有戰術、環境等多種因素的影響。

人不是為失敗而生的，一個人可以被毀滅，但不能被打敗。面對任何事情，都要有「置之死地而後生」的氣勢。人生最重要的不是結果，而是追求的過程；人生最精彩的不是實現夢想的瞬間，而是追求夢想的過程。輸給追求，比輸給懦弱要好得多。

人若能堅持在自己認定的道路上走下去，不畏懼生死，不畏懼任何強大的阻礙，別人自然無法挾制他。西鄉隆盛一生大小戰役經歷過數場，近身肉搏、刀光劍影，若是沒有視死如歸的氣勢，絕難取勝。我們在追求成功的過程中，也會遇到形勢不佳、危機四伏、孤立無援的時候，這時，不能以力取勝，只能以勢相搏，唯有如此還有一線希望。假如在氣勢上輸給對方，便是真的輸了。

第十九則

制定國家政策時，要分清輕重緩急，不能忽略根本的民生大計，捨本逐末。做人做事也當如此，要制定規劃和目標，將大事放在第一位。花更多時間處理要事，方能得到最佳成果。

【遺訓】

政之大體，興文、振武、勵農三者，餘百般事務皆助此三者之具也。三者中，順時因勢施行先後之序有之，不可此三者後而他者先。行正道，目下迂遠，然先行則早成也。

【釋義】

為政的根本，在於用心做好三件事，即興辦教育、富國強兵、獎勵農耕。我們所做的其他事都是為了辦好這三件事。雖然這三件事中，因時代或趨勢的差異有一定的順序，但總體來看，絕不可以將這三者放在後面而將其他政策置於首要位置。

依循正道辦事，看起來是捨近求遠，但只要起步領先於人，就有可能後來者居上，早日成功。

比別人看得遠，比別人先一步

一生堅持個人作為應當以國家大義和大計為準則，要做到這一點，西鄉隆盛認為首先必須行正道，眼光不能侷限於一時得失，也不能過於迂腐，一旦作出宏觀判斷，就要迅速出擊。短期來看，依循正道辦事似乎是捨近求遠，但只要掌握先機，就能後來者居上，超越眾人，早日成功。

行大義、謀大計的精神，其本質就是一種大局觀和犧牲精神。堅持正道就要放棄短期利益，尤其是私利，要以大局為重。

比西鄉隆盛早幾百年的德川家康，就是一個有大局眼光的人，德川能在「戰國年代」眾多的大名和武士當中脫穎而出，絕非偶然。人說二十多歲正是血氣方剛的時候，往往喜歡意氣用事，但是二十幾歲的德川家康卻已完全明白自己的位置和天下的局勢。

在織田信長會戰淺井長政的軍隊之時，德川家康率領三河武士趕赴戰場，要求在最前方殺敵陷陣。但是織田信長此時並不想倚重三河的兵力，於是安排德川家康做後備。

「請您收回您的仁慈吧，我們跋山涉水來到這裡，是因為我們知道，如果三河武士身亡了，不會對天下局勢有很大的影響，但是如果您的織田軍受到重創，那麼天下人又要多受幾年戰亂之苦，那會怎樣啊？」

聽完德川家康的話，織田信長哈哈大笑起來。他沒有想到眼前這個二十多歲的年輕人能夠考慮得如此深遠。

德川沒有僅僅把自己當做一個附屬而聽候調遣，或者是像其他人那樣只想在安全、有利的位置上辦差，而是從整個大局出發考慮問題，這樣的人今後一定是成就卓著的人。

德川家康的眼界從一開始就高出旁人許多，而這一點只有具備同樣眼界的人才能明白。自從把「天下」二字裝在心中，德川家康就一直在分析局勢，選擇最有利的行動，直到最後的成功。比德川家康晚幾百年的西鄉隆盛對於大義的眼界和看法也與德川相似。

要想比別人看得遠，就要比別人站得高些；要想比別人走得遠，就要比別人想得遠些。

一個人想在事業上成功，應以天下利益為準則作出判斷，要時時在腦海裡仔細描繪自己心中期待的理想成果，同時必須對實現理想的過程進行反覆周密的考慮。

在開創事業之前，就要看到最後的結果，這不是超前的能力，而是通過用心熟悉自己的領域和所要做的事，在頭腦裡反覆思考，不斷進行模擬演練，從而在腦子裡得出最終的結論。

這種預見未來的能力被稱作超前思維，就是人們用目標、計畫、要求來指導自己行為的思維方式。它的基本點就是要求人們目光遠大，不要鼠目寸光，要用發展的眼光關注未來的前景，抓住未來的發展趨向，制定相應決策，牢牢掌握人生和事業發展的主動權。

對未來沒有預見的人，往往會被眼前的利益所蒙蔽，看不到遠方的危險。但是西鄉隆盛認為，僅僅能對事物作宏觀判斷還不夠，如果不能先人一步行動，仍然會落伍。

先人一步行動意味著在事業的開創階段就要搶占先機，這條經驗對於商業時代的人們很重要。**短視和躊躇只能讓事業停留在粗淺的層次**。誰能有遠見，能對宏觀市場有準確預測，並能當機立斷作出判斷，誰就能先人一步獲得成功。

大事要事優先，瑣事小事容後

時間的供給是定量的，沒有替代品。儘管我們希望有更充足的時間來保證工作和娛樂，但是時間從不給我們迴旋的餘地。胸懷大志的人總是善於珍惜並合理計畫時間，在最有限的時間裡從核心出發，把大事、要事放在第一位。

西鄉隆盛曾提出：興辦教育、富國強兵、獎勵農耕這三件事是為政的根本，其他事都是圍繞這三件事展開的。任何時候都不可本末倒置，將其他事置於這三者之上。國家大事如此，個人生活也當如此。成就大事的人和普通人的一個重要的區別在於，他們在瑣事纏身或是遇到棘手的事時懂得棄小節，而專注於大事。

做事需要章法，眉毛鬍子一把抓是做大事者的大忌。我們要分清輕重緩急，這樣才能一步一步地把事情做得有節奏、有條理，避免拖延。工作的一個基本原則是分門別類，把最重要的事情放在第一位。

美國商業精英鮑伯·費佛在他的每個工作日裡，做的第一件事情就是將當天要做的事分成三類：

第一類是所有能夠帶來新生意、增加營業額的工作；

第二類是為了維持現有的狀況，或使現有狀態能夠繼續存在下去的一切工作；

第三類則包括所有必須去做，但對企業和利潤沒有太多價值的工作。

在沒有完成第一類工作之前，鮑伯·費佛絕不會開始第二類工作；而在沒有全部完成第二類工作之前，他絕對不會著手進行第三類工作。

「我一定要在中午之前將第一類工作全部結束」，鮑伯給自己作了規定，因為上午是他認為自己最清醒、最有建設性思考的時間。

「把時間留給最重要的事」，我們必須讓這個觀念成為一種工作習慣，每當一項新工作開始時，必須先確定什麼是最重要的事，什麼是我們應該花最大精力去重點做的事。對於一個謀攬全域的領導者而言這點尤其重要，事無巨細、事必躬親是不明智的做法。

二戰結束後不久，歐洲盟軍總司令艾森豪出任哥倫比亞大學校長。副校長安排他聽有關部門彙報，考慮到系主任一級人員太多，只安排會見各學院的院長及相關學科的聯合部主任，每天見兩三位，每位談半個小時。

在聽了十幾位先生的彙報後，艾森豪把副校長找來，不耐煩地問他總共要聽多少人的彙報，回答說共有六十三位。艾森豪大驚：「天啊，太多了！先生，你知道我從前做盟軍總司令時，那是人類有史以來最龐大的一支軍隊，而我只需接見三位直接指揮的將軍，他們的手下我完全不用過問，更不需接見。想不到做一個大學的校長，竟要接見六十三位主要的人。他們談的我大部分不懂，但又不能不細心地聽他們說下去，這實在是浪費他們寶貴的時間，對學校也沒有好處。你制定的那張日程表，是不是可以取消了呢？」

效率高的人是那些對無足輕重的事無動於衷，而對那些重要的事情傾注全部心力的人。一個人如果想把所有事情都做好，就不會有足夠的時間和精力把最重要的事做到最好。

大事要事優先，瑣事小事容後。著名的二八法則反映的也是這個道理。一件事情的核心部分通常只占20%，只要用大部分的精力做好這20%，就能取得80%的成績。相反，如果在一些瑣事上，哪怕我們花80%的時間去完成，也只能取得20%的成效。

西鄉隆盛談論的雖然是政治範疇內的事，但是「要事大事為先」的法則卻是廣泛適用的。不過，只在心裡明白這一點還不夠，要實實在在地提高自己的做事效能，就要一步一步將要事第一的法則落到細處。

第一，明確目標，這樣可以避免重覆勞動，減少出錯的機會。

第二，找出正確的事，更深入地挖掘和收集事實，多問問題，多看，多聽，多想。

第三，列出優先表，把每天要做的事情都安排好，按照重輕次序去做。

第四，過濾次要資訊。

第五，保持高度責任感。

第六，學會說「不」，防止把時間浪費在不必要的事情上。

第七，主動溝通，聆聽他人的意見，對比自己的做法，提升自己的能力。

對於常人來說，欲高效做事，首先應當忙於要事，而不是只知道一味地低頭向前。養成將要事置於第一位的習慣，對最具價值的事情投入充分的時間，這樣事業生涯當中的關鍵之事才不會被無限期拖延。這樣一來，工作對你來說就不再是一場無止境、永遠也贏不了的賽跑，而是可以帶來豐厚收益的活動。

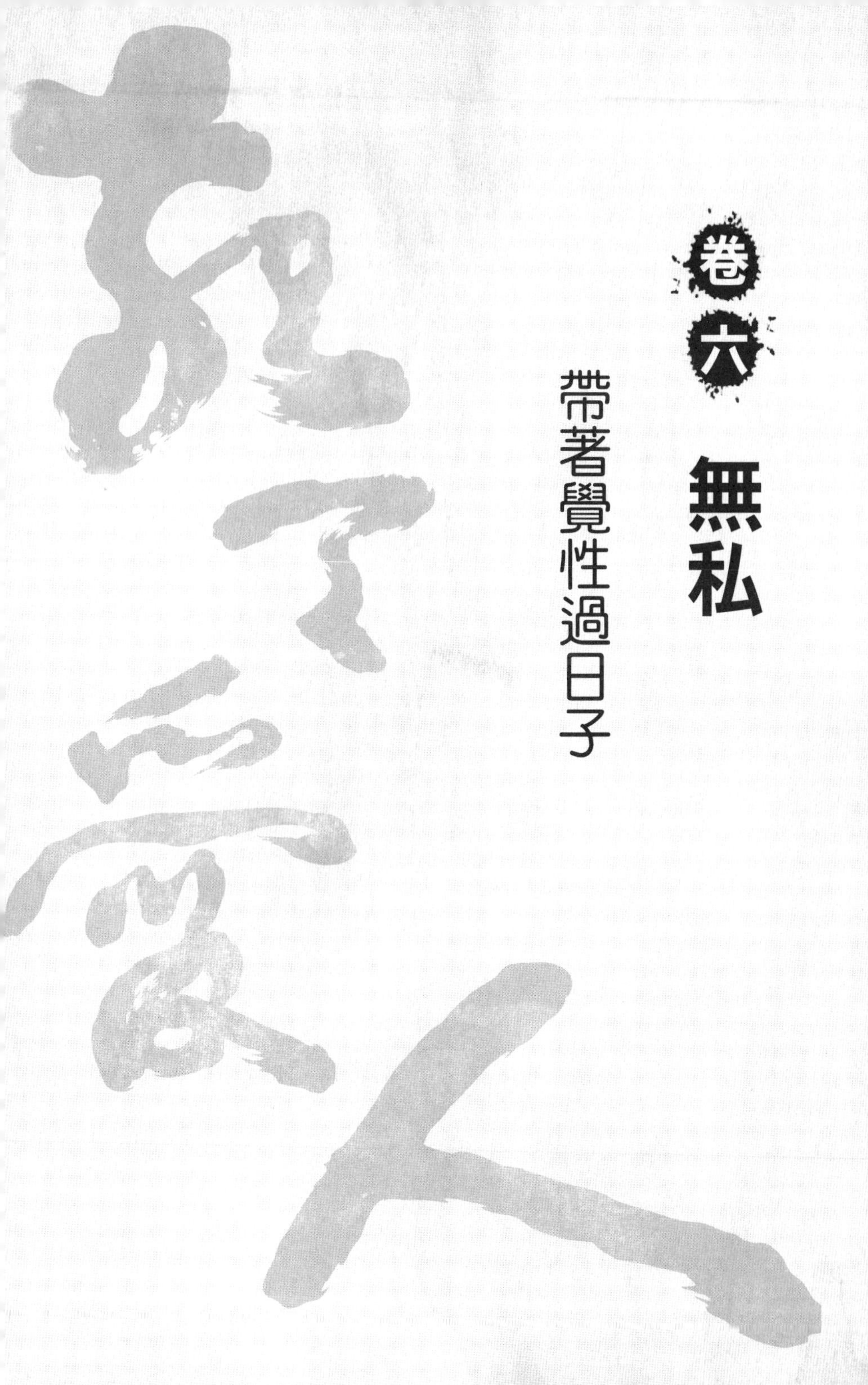

卷六 無私

帶著覺性過日子

第二十則

為人的根本，在於敬天和愛人。以順應自然之道敬天，以愛己之心愛人。做任何事都想著為更多的人作出貢獻，以一顆無私的心盡自己的責任和義務，便能實現自己的人生價值。

【遺訓】

道者，天地自然之物。人行道，是為敬天。天佑眾生，故當愛人如愛己也。

【釋義】

所謂道，就是生長於天地、順應自然之物。人行天道，就是敬天。上天保佑世間每個人，所以愛人當如愛己。

以愛己心愛人

一八六一年，流放在日本奄美大島上的西鄉隆盛在這裡已度過了兩年光陰。作為大名島津齊彬的親信、日本政界一度閃耀的人物，西鄉在這樣一個荒僻之島上並沒有被磨難波折的痛苦湮沒，相反，他無時無刻不被島民們的貧困所觸動，也對當地藩主的惡劣統治感到不滿。在當地的傳說中，西鄉席不暇暖地保護老弱貧病，對抗惡霸官員，同時宣導德行。西鄉的努力最終收到了成效，當地的統治者逐漸改變了一些治理政策，他們對西鄉的態度也由警惕、排斥轉變為懼怕、尊重，甚至追崇。西鄉隆盛也由此成為當地一位重要人物。

上天平等地關愛世上每個人，所以人應當像愛護自己一樣愛護他人。這是一種敬天愛人的觀念，天之至愛無私，因此敬天就是要追隨天愛世人的精神。一個人想要讓人生更加豐富，最好的辦法就是讓自己保持始終如一的付出與感恩。

付出不單是一種責任，更是一種享受。我們對別人好的時候，也是對自己最好的時候。我們要善待自己，更要善待別人，愛人者，人恆愛之。

愛是世界上最知回報的感情。你給出多少，它就回報給你多少。不幸福不是因為我們得到的太少，而是給予的還不夠。世界是由許多人組成的一個整體，人與人之間需要尊重和理解。有的人可能有權利非公平地對待其他人，但這種態度，將會使人最終「自食其果」，因為別人也可能用同樣的方式對待他，而每種善行也都有回應。

隨著社會的不斷進步和發展，人們的交往越來越密切，人際關係變得更加複雜。如何面對不斷出現的人際摩擦和衝突，成為縈繞人們心頭的困惑。

每個人在社會上都不可能是孤立的，人們都願意建立良好的人際關係。而推己及人、以愛己心愛人是實現人際關係和睦、融洽的重要前提。那些慷慨付出、不求回報的人，往往容易取得成績；而那些自私吝嗇、斤斤計較的人不僅找不到合作夥伴，甚至可能被孤立。

愛人者人恆愛之，愛世間者世人敬之。敬天愛人，是我們這個時代應該提倡的人生哲學，它對人際中的許多矛盾具有調和與化解作用。

西鄉推崇的「愛人如愛己」之觀，不僅適用於普通的人際關係，同樣也適用於今天的商業競爭。

和諧與競爭的統一是企業經營的最高境界。許多經商者都習慣從一己私利出發辦事，有時甚至不惜損害他人利益，其實這種做法所得到的不過是蠅頭小利。

江戶時代提倡商業道德的石田梅岩曾說，能兼顧彼此的人，方為真正的商人。自己得益，也要讓他人得益，這才是經商的法則。如果讓客戶、生意夥伴和對手都能獲利，實現雙贏和共贏，那麼，自己最終也一定能得到回報。

要擺脫不幸，得克服自私、勢利的人性

在每個人體內，甚至在我們所做的每件事情中，都有兩種不同的思考存在。一種是自私、勢利，只為自己的利益斤斤計較；另一種則是無私、利人，會為他人著想、希望別人得到好處。我們想要成功就得放棄自私、勢利的思考方式，做到無私、利人。只有你幫助他人、懂得為他人著想，其他人才會在你遇到困難時伸出援助之手。

西鄉說過這麼一句話：「修業無果、諸事難成、無心思過，伐功而驕慢生，皆因自愛起，故不可偏私愛己也。」修行沒有成果，事業無成，而且不知悔改，這些都是人之不幸，其起因便是過分愛己。西鄉的話給了我們很好的警示，做人若能不偏愛自己，常思己過，不自負不驕慢，就可以修業有成，成就功業。

要擺脫不幸，就要克服與生俱來的自私、勢利的人性。比如作為一個領導者，應該捨私利、斷私欲、行正道。**如果每做一件事情就問：「我可以得到什麼好處？」那將失去他人的信任，更談不上做出一番宏大的事業**。

西鄉的人生信條中最突出的就是「無私」二字。不管逆境還是順境，不管失敗還是成功，甚至淡看個人的生死，唯把貫徹正道視作人生最大的快樂和幸福，並認為若不達到此種境界，心志就必然動搖。

不能看淡自己的得失，就容易為私心、私欲所動。私欲若是得不到滿足，就會產生

痛苦，進而在無盡的苦惱中迷失自己原本的目標。

視西鄉為人生導師的日本企業家稻盛和夫早年經營京瓷公司時，也曾為私心、私欲所困擾，及至讀到西鄉遺訓，便如當頭棒喝，從此不再將一己之私放在心上。

稻盛先生遵照西鄉遺訓，堅定了他的「無私」經營信念。後來他設立「京都賞」，創辦「盛和塾」，更是成為實踐「無私」理念的典範。

稻盛和夫先生常說，「螃蟹只會比照自己殼的大小挖洞」。企業家只有不斷向「無私」的境界邁進，「心底無私天地寬」，才能把企業做大、做強、做長久。稻盛創建的兩家世界五百大企業就是「無私」的產物，特別是稻盛在創建「日本第二電電」時，目的只有一個，非常鮮明，就是「降低國民的通信費用」，口號只有八個字，就是「動機至善，私心了無」。而正是這種高度的「無私」，使得他在完全陌生的領域很快獲得了不可思議的巨大成功。

稻盛和夫把「無私」看成一切組織領導者應當具備的基本素質，他自己就將之貫徹於創建企業的各個方面，並最終在讓國民獲得利益的前提下，實現了企業的成功。

「無私」就是「無我」，將一切與「我」有關的東西都拋開。上至國家，下至企業，哪怕一個小機構、小組織的存亡，都與領導者是否「無私」息息相關。

貪婪會使簡單的問題變得複雜，無私才能導向真正的成功。「無私」在許多精明人眼裡是大愚，但正是憑藉這樣的「大愚」，無數成功者才成就了豐功偉業。「無私」是人類最偉大的智慧，如果每個人都能不帶私心處世，不以私心損人，那麼世界就會變得很美好。

善念召喚幸運，矛盾可以通過多種途徑來解決，暴力衝突或者善意修好，都是可以選擇的。同樣的事情，結果的好壞更多取決於我們的態度。**幸福還是不幸，成功還是失敗，目光短淺，只爭一時之利，還是拋棄私心，以他人利益為優先考慮問題，都取決於我們自己。**

固執於自私自利的心態，最終所得就會與最初意願南轅北轍，而無私的人反而得到更多。無私的境界，並非空喊高調，而是實實在在、可以踐行的一種理想。放棄私利，放棄複雜的想法，更透徹地分析問題、解決問題；堅持無私的理念，以理解、寬和、謙遜的態度待人，加上不懈的努力，竭力履行自己的義務，人生就可以達到充實飽滿的狀態，在貢獻中明瞭自己的價值所在。

第二十一則

常言道「兼聽則明，偏信則暗」，真正做大事的人，從不在已有的成就上驕矜自詡。聽取反對的聲音，通過旁人的提醒減少自己的盲點，才能兼收並蓄，自我完善。否則一味固守己見，最終會導致離心離德，自我貶值。

【遺訓】

自古，君臣皆以己為足者，非治功之世。知己不足，則下言入耳也；己足，人言己非即怒，故賢人君子不助之。

【釋義】

古往今來，一朝的君主與臣子如果都認為自己完美無缺，那這樣的朝代絕非治世。只有清楚自己缺點的人，才能聽得進下級的意見。而剛愎自用的人，一經別人指責，就會立刻動怒，這樣的人，賢人或君子都不會相助。

笑著聽反對的聲音

智慧的人懂得時常反省，能夠察納雅言，兼收並蓄。他們懂得反對的聲音更有建設性，也明白謙卑並不會磨滅自己的偉大。而不可一世的人，往往固執己見，聽不進任何批評，也就不會有進步，故步自封，無異於自我貶值。

一個人要學習聖人，必須先有聖人的自我批評精神。孔子曰：「躬自厚而薄責於人，則遠怨矣。」意思是，多批評自己，少責怪別人，就不會招人怨恨。這實際就是我們常說的「嚴於律己，寬以待人」。凡事多作自我批評，這既是古時儒者反躬自省的功夫，也是我們今天仍然需要宣導的為人修養。

具備自省意識的人最懼怕居功，也從不自我標榜，一來防止變成「大樹」，以免遭受「風必摧之」的困境。二來他們也懼怕因為一時的盲目或高興而導致未來錯誤頻出。他們像這樣時刻保持謙虛，反而為自己贏得更多的尊重。

不管你有沒有做好準備，今天所擁有的一切，某一天都將不再屬於我們，也最終都會失去。在激烈的競爭中，更是如此，可能今天還是個百萬富翁，明天就是街頭乞丐。稻盛和夫作為日本經營之神，對此深有體會。他認為，任何人所擁有的一切，與浩瀚無際的宇宙相比，都只是滄海一粟，微不足道。因此，無論何時何地，我們都應保持一顆謙卑的心。

一個人應該具備三種心態，即樂觀的心態、好勝心及謙卑的心，其中最重要的心態是謙卑。權力與權威容易使人驕矜自大，或以高傲姿態面對眾人，**但一個聽不進意見的領導者所帶領的團隊，是一個沒有進步空間和凝聚力的團隊**。如果領導者能意識到自己有今天的成就，都是依靠廣大追隨者的努力，便能打造出一個合作的團隊，並引導其走向和諧、長遠的成功。

《資治通鑑》中講了魏文侯納諫的故事。魏文侯派弟弟去攻打中山國，戰勝之後卻將中山國賞給了自己的兒子。有一次魏文侯在上朝的時候問大臣自己是一個怎樣的君王，很多人說他是一個「仁君」，偏偏這時有一個叫任座的人走出來說：「您算不上仁君，因為您沒有把中山國分給弟弟卻給了自己的兒子。」任座說完後便揚長而去，魏文侯火冒三丈。

後來魏文侯發現了一位忠臣叫翟璜，就問翟璜說，他是個怎樣的君王，翟璜說是「仁君」，魏文侯問何以見得，翟璜說您身邊有任座那樣唱反調的人，怎麼能不算是個仁君呢？

翟璜的言下之意，即一個團體應該是多元化的，有很多的聲音，這樣才是健康正常的。無論是歷史經驗，還是現實教訓，都告訴我們應當重視旁人的提醒，以減少個人盲點。

君子善納言者為心明，再明智的人也不能保證事事洞察分明，不論何時，不管在什麼工作中，不管對什麼人，我們都要保持謙遜。飛得越高，就越要記得是什麼讓你飛到了這個高度；飛得越高，頭就要越低。有了榮耀時，要更加謙卑，要感謝他人、與人分享。

多做自我批評，學會聆聽。人生最大的敵人是自己，最大的失敗是自大。勇於接受別人的批評，正好可以修正自己的缺點。**失敗者總是需要別人指出才知道自己錯了，總是要到失敗時才記起他人的忠告**。

及時承認自己的錯誤，懂得傾聽別人的忠告，懂得分辨別人的讚美，學會換位思考，學會低調，有一顆平常心，經常檢討自己，才能創造出良好的人際關係，才能促使自己進步。

要做到不固執己見，時時反省己身，關鍵是要做到以下六點：

1. 對身邊發生的事情，常思考它們的因果關係。
2. 對做不到位的執行問題，要找出它們的根本癥結。
3. 對習以為常的做事方法，要有改進或優化的建議。
4. 做事情要養成有條不紊和井然有序的習慣。
5. 經常找幾個別人看不出來的毛病。
6. 自己要隨時隨地對有所不足的地方補位。

生活其實很簡單，只要在前進的同時不失後退的勇氣，在勝利時保持平靜，謙虛地接受別人的意見，把自身的缺陷轉化成動力，不被成功模式束縛，就能活得很成功、很精彩。

正如西鄉所言，一朝之君臣倘若都認為自己完美無缺，毫無需要改進之處，那麼，這個朝代就絕不是治世。同樣，一個人在聽進他人意見之前，首先要「知己不足」，主動找出自身的缺點，有針對性地選擇合理的建議改善自己。

不以個人好惡為標準

在用人方面，西鄉的觀點是，作為領導者，應該徹底擺脫個人的立場，以一顆無私的心來領導。如果領導者以自己的私心來用人、管人、做事，那麼組織機構就岌岌可危。

自古以來，歷朝歷代成就大業的領導者無不以「江山社稷用人為先」為準則。從而因用人而興——齊桓公重用管仲，成就了春秋霸業；秦始皇任用韓非、李斯橫掃六國，一統天下；劉備以「隆中對」識得諸葛亮，而得「三分天下」之勢；朱元璋憑藉自己的真誠感動了心如死灰的落魄士子劉伯溫，使他歸入自己帳下……

偉大的成就來自於正確地用人。真正智慧的管理者在用人時有一個最大的特點：唯才是舉，而不是根據個人的好惡。稻盛和夫謹記西鄉的教誨，在內心發誓絕不將職位傳給子女，並將這一想法公之於眾。

在用人上，有很大一部分管理者習慣感情用事，遇到與自己脾氣和志趣相投的人，便不再注意這個人的其他方面，從而將其當成人才。這樣做的結果往往是管理者形成自己的「人才小圈子」，由於考核不到位，又使很多人渾水摸魚進入團隊，而真正適合的人才卻被錯過。

很少一部分管理者懂得知人善任的重要性，他們在用人過程中懂得識才重才，不以個人的好惡來看人，這樣的管理者往往會得到下屬的尊重和追隨。例如美國ＩＢＭ公司前總裁小沃森就是一個典範。

有一天，一位中年人闖進小沃森的辦公室，大聲嚷嚷道：「我還有什麼指望！銷售總經理的差事丟了，現在幹著閒差，有什麼意思？」

這個人叫湯姆，是ＩＢＭ公司「未來需求部」的負責人，他是剛剛去世不久的ＩＢＭ公司第二把交椅柯克的好友。由於柯克與小沃森是對頭，所以湯姆認為，柯克一死，小沃森定會開除他，於是決定先下手為強，打算辭職。

沃森父子以脾氣暴躁而聞名，但面對故意找碴的湯姆，小沃森並沒有發火，他瞭解湯姆的心理。小沃森覺得，湯姆是個難得的人才，甚至比剛去世的柯克還精明。雖說此人是已故對手的下屬，性格又桀驁不馴，但為了公司的前途，小沃森決定盡力挽留他。

小沃森對湯姆說：「如果你真行，那麼，不僅在柯克手下，在我和我父親手下也能成功。如果你認為我不公平，那你就走，否則，你應該留下，因為這裡有許多機遇。」

後來，事實證明留下湯姆是極其正確的，因為在促使ＩＢＭ轉向電腦行業方面，湯姆的貢獻最大。當小沃森極力勸說老沃森及ＩＢＭ其他高層負責人儘快投入電腦行業時，公司總部回應者很少，而湯姆則全力支持他。正是由於他們倆的攜手努力，才使ＩＢＭ免於滅頂之災，並走向更輝煌的成功之路。後來，小沃森在他的回憶錄中說了這樣一句話：「在柯克死後挽留湯姆，是我所採取的最出色的行動之一。」

小沃森在回憶錄中寫道：「我總是毫不猶豫地提拔我不喜歡的人。那種討人喜歡的助手，喜歡與你一道外出釣魚的好友，則是管理中的陷阱。我總是尋找精明能幹、愛挑毛病、語言尖刻、幾乎令人生厭的人，他們能對你推心置腹。如果你能把這些人安排在你周圍工作，耐心聽取他們的意見，那麼，你能取得的成就將是無限的。」

做一個不以個人好惡為標準用人的管理者，是十分明智的選擇。

人才與廠房設備等資源最大的不同在於人會思考、有感情。管理者只有知人善任，人才才會感恩圖報。

管理者要做到不以個人好惡為標準，就要做到以下五個方面：

1. 思想上做到秉持公心。
2. 標準上做到同尺丈量。
3. 選拔上做到公正透明。
4. 考評上做到注重實績。

5.任用上做到尊重公議。

「無私」是領導者必須具備的素質之一，能夠以「無私」之心從事領導工作，做到不以個人好惡為標準，領導者才能真正贏得他人的尊重。

第二十二則

現實中人與人之間的關係常常表現為敵對的競爭關係。有覺性的人懂得與人為善，不會把對手視為敵人。只有良性的競爭才能促動進步，做人應當越過狹隘的自我意識，常常反思自己，節制個性。

【遺訓】

不與人對，與天對。與天相對，盡己責而勿咎人，尋己誠之不足。

【釋義】

不要與人相對立，而要與天地、天運相對。與天地坦然相對，應當注意追咎自己的責任，而不是苛咎他人，要懂得時常從自身出發尋找確實存在的不足處。

別把對手當敵人

說到「對手」，我們想到的往往是某種敵意和戒備，但在西鄉看來，對手並不絕對都是敵人，相反，他告訴弟子們不要與人相對立，而是要與天地、天運坦然相對。換句話說，就是不要把對手當做敵人，很多時候，對手也可以成為我們的夥伴和朋友。

生活中如此，商場也是如此。一些成功的企業對此有著比較清晰的認識，他們能夠高瞻遠矚地看到競爭對手帶給自己的並不僅僅是挑戰、壓力，還有發展的機遇、動力，這種遠見卓識決定了企業未來的發展空間。

例如德國的五個世界級名牌汽車公司蜚聲全球。其中，賓士、寶馬之間的競爭相當激烈。有一年，一個記者問「賓士」的老總：「賓士車為什麼飛速進步、風靡世界？」「賓士」老總回答說：「因為寶馬將我們追得太緊了。」記者後來採訪「寶馬」老總同一個問題，寶馬老總回答說：「因為賓士跑得太快了。」再如美國百事可樂誕生以後，可口可樂的銷售量不但沒有下降，反而大幅度增長，這也是由於競爭迫使它們共同積極發展。

企業的發展往往取決於決策層的遠見、睿智。寶馬、賓士兩個企業的老總都具有遠見卓識，意識到自己的企業之所以能有今天的成就，一部分的功勞應該歸功於競爭對手。正是由於競爭對手的激勵、鞭策，我們才始終不敢懈怠，才能堅持不懈地追求更好的發展，才能在自己的領域不斷取得突破性的進展。

從龐大的企業到每個普普通通的人無不遵循著同樣的遊戲規則。任何一個積極進取、有所追求的人，都不會在競爭對手奮發圖強的時候無動於衷。一個強而有力的競爭對手是一個人謀求發展的強大動力。對手的優秀會時刻鞭策著我們前進的步伐，使得我們不敢有絲毫的懈怠，不斷提升自己的能力。一旦缺少了勢均力敵的競爭對手，就缺少了不斷挖掘自身潛力、堅持不懈追求進步的動力，也就意味著事業將面臨著走下坡路的局面。

很多時候，是對手的強悍，讓我們晝夜習武，練就一身好功夫；是對手的狡詐，使我們時刻保持警覺之心；是對手的強大，鞭策我們臥薪嚐膽、韜光養晦；是對手的智慧，激勵我們不斷學習、與時俱進；是對手的威脅，警醒著我們戰戰兢兢、如履薄冰；是對手的圍追堵截，使我們不斷自我否定和揚棄，使我們打敗了真正的敵人——我們自己；有時，是對手的暫時麻痺或懈怠，促成了我們的幸運和成功。

生活中，競爭無處不在，對手也無處不在。正因為有對手的存在，競爭才會產生，而唯有競爭才能產生真正的強者。對手並不是敵人，而是激發我們潛力的核心因素。無怪乎西鄉隆盛說「不與人對，與天對」，人在良性競爭中才能進步，而進步的幅度則取決於競爭對手的強弱。古語云：「遇強則強，遇弱則弱。」與強勢的競爭對手交鋒，自己也會變得愈加強大。

任何事物都有兩面性。競爭對手並不是我們前進的絆腳石，而是我們走向成功的助力。

一個人沒有對手，就會變得安逸懶惰，而察覺不到自己的平庸，一生無所作為。

一個團體沒有對手，就會在長久的安樂中失去活力和勃勃生機。

一個行業沒有對手，就會不求進步，安於現狀，最後慢慢走向衰敗。

因此，要保持一個人、一個團體、一個行業的活力，不妨適當引入強勁的對手，以激勵奮發向上的緊張感與熱情。

就個人而言，應給自己制定詳細的階段性目標，並為自己尋找一個優秀的對手，與對手不斷競爭來驗證目標的實現進度。

就團體而言，領導者可以經常為團體添加新血，如招收新的出色員工，以此激勵舊員工積極進取。

就行業而言，如果沒有對手，就要制定短期或長遠的規劃，實行行業排名，給自己設定一些無形的「對手」，以此鞭策自己進步。

西鄉曾說，一個人如果動輒與他人產生紛爭，經常視身邊的人為大敵，就無法取得進步。超越狹隘的人我意識，敞開內心與天相對的人，才能成大事。別把對手當仇敵，如果身邊存在強有力的競爭對手虎視眈眈地盯著自己，我們要感到慶倖，因為這意味著在對方的鞭策下我們會有無窮的潛力被激發出來，離自己的目標也就會越來越近。

內省的力量

古人言：「權，然後知輕重；度，然後知長短。物皆然，心為甚。」一件東西用秤稱過，才知道它的輕重；用尺量過，才知道它的長短。世間萬物，都要經過某些標準的衡量，才知道究竟。同理，人的品德也是這樣。只有親身經歷過，才有發言權；只有看清自己的缺點，才有資格批評別人。

孔子曾說：「躬自厚而薄責於人。」這是要人在靜察己過的同時不苛刻地對待他人。西鄉對孔子敬服異常，他說：「盡己責而勿咎人，尋己誠之不足。」強調做人要常懷自省心，尋找自身確實存在的不足，而不是苛責他人，更不能遇事則歸咎於旁人，不知躬身自省。

一個人之所以能夠不斷進步，是由於他能夠不斷自省。自省，是「自知己短」從而彌補短處，並以追求完美的態度去做事，糾正過失。人生天地間，浮浮沉沉、起起落落是常有的事情，這都要求我們懂得自我反省。

成為對自己最嚴厲的批評者，才有資格批評別人。華為公司的總裁任正非在他的一篇名為《為什麼要自我批判》的文章中曾這樣寫道：

「華為還是一個年輕的公司，儘管充滿了活力和激情，但也充塞著幼稚和自傲。我們的管理還不規範，只有不斷地自我批判，才能使華為儘快成熟起來。華為不是為批判而批判，不是為全面否定而批判，而是為優化和建設而批判，總的目標是要導向公司整體核心競爭力的提升。

「處在ＩＴ業變化極快的十倍速時代，這個世界上唯一不變的就是變化。我們稍有遲疑，就失之千里。故步自封，拒絕批評，落後的就不止千里。企業可以選擇為面子而走向失敗，走向死亡，也可以選擇丟掉面子，丟掉錯誤，迎頭趕上。要活下去，只有超越；要超越，首先必須超越自我；超越的必要條件，是及時糾正一切錯誤，這首先就要敢於自我批判。古人云：『三人行必有我師焉。』這三人中，有一人是競爭對手，還有一人是敢於批評華為設備問題的客戶；如果比較謙虛，另一人就是敢於直言的下屬、真誠批評的同事、嚴格要求的上司。」

華為的快速成長，其實就是不斷自我批判的過程。在兩千年發表的名為《華為的冬天》一文中，任正非同樣強調了自我批判的重要性，他說：「華為宣導自我批判，但不提倡相互批評，如果批判的火藥味很濃，就容易造成隊伍之間的矛盾。而自己批判自己的時候，人們不會對自己下猛力，而會手下留情。不過即使用雞毛撣子輕輕打一下，也比不打好，多打幾年，就會百煉成鋼。」

能夠時時審視自己的人，會時時考察自己的能力，思考自己的優缺點以及自己失敗或成功的經驗。這樣做能有效找出自己的優點和缺點，為以後的發展打下基礎。

學會自我反省，自我批評，就等於掌握了自我完善和健康成長的秘方，具體可從以下幾個方面著手：

1. 學會一日一省。在睡覺的時候想一想今天都做了什麼事，反省一下其中哪些是應該的，哪些是不應該的，自身還存在哪些缺點和不足，努力在第二天做得更好。

2. 學會心理換位。與他人產生矛盾之後，應多從自身找原因，多作自我批評，同時及時向對方主動道歉。

3. 主動請教身邊的人。

4. 開始自我批評的時候，要客觀地評價自己，既不放過缺點，也要肯定優點。

人生最大的敵人是自己，不是對手。就像西鄉所說，那些認真審視自己、時刻反省自己，不一味苛責別人的人，才有可能真正覺悟。反省是一棵智慧樹，只有深植在思維裡，才能為你提供源源不斷的智慧，讓人生變得精彩。

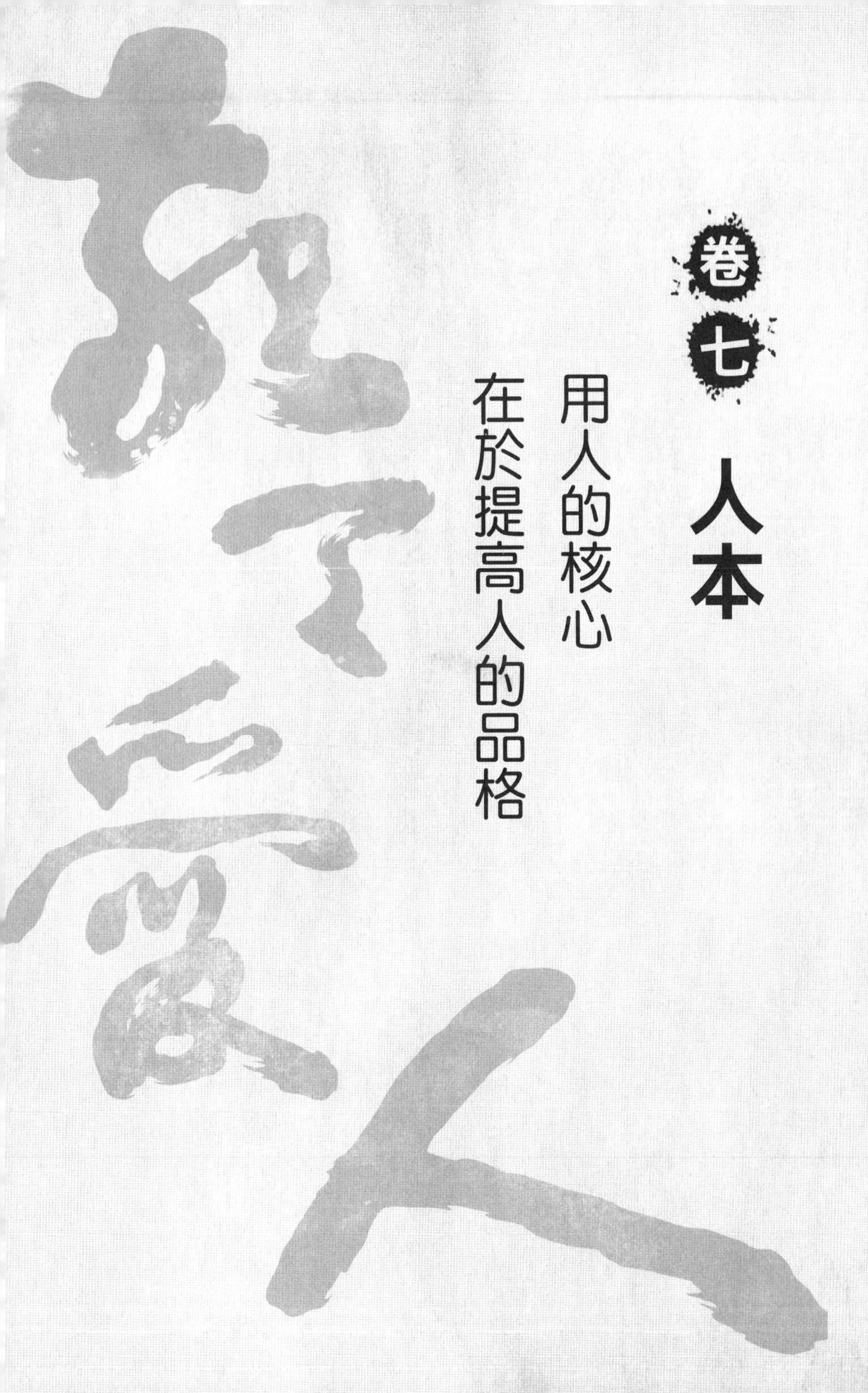

卷七 人本

用人的核心
在於提高人的品格

第二十三則

用人的核心在於以人為本，將下屬作為平等的人來對待，而不是作為比自己級別低的人來對待。真心地尊重和關愛下屬，在團隊中推行嚴格卻不失人情味的管理方式；從每個成員的切身利益出發，制定合理的激勵措施，激發下屬的最大積極性，才能做到真正的人盡其才。

【遺訓】

立廟堂為大政，乃行天道，不可些許挾私。秉公平，踏正道，廣選賢人，舉能者執政柄，即天意也。是故，確乎賢能者，即讓己職。于國有勛然不堪任者而賞其官職，乃不善之最也。適者授官，功者賞祿，方惜才也。然，《尚書．仲虺之誥》有云：「德懋懋官，功懋懋賞。」德官相適，功賞相應，即此意乎？聞此言，翁欣然應之。

【釋義】

身為政府，行使國家大權，就要履行天道，做事情不允許存有半點私心。辦任何事都秉持公平，依循正道，廣舉賢才，舉薦有能力的人執掌政權，就是順應天意。因此，真正賢明有才之人，應當即刻將職位讓給真正適合的人。對待於國家有莫大功勛但不能勝任的人而仍要封賞他官職，是最大的不善。對能勝任的人授予官職，對有功勛之人則賞其厚祿，這才是真正的愛惜人才。這樣，《尚書·仲虺之誥》（任命官員的文書）中所說的「德高者升官位，功多者厚褒賞」，大概就是指德行與官位相適配，功績與褒賞相對應的意思吧？南洲翁聽到有人這麼問，十分高興地表示贊同。

用人要秉持公正和勇氣

戊辰戰爭以後，西鄉隆盛以功臣身份參任明治政府陸軍大將參議之職。雖然西鄉對政治一直有著深刻的洞察力，但此前他作為幕府政府的反對者，並沒有機會直接參與國家政務。但現在不同了，他的身份地位都讓他可以迅速接觸到政治的各個層面。

但很快，西鄉就發現了問題。新政府步履維艱，在用人上不能完全放權給懷有維新夢想的武士，而形勢逐漸向著更幹練、理智、深謀的大久保利通發展，激進派的維新者漸漸感覺自己遭到了無形排斥。

對此，在後來與朋友的激烈討論中，西鄉表述了他的想法。他說：「行使行政權力，就是要履行天道，做事情不要存有半點私心。辦任何事都秉持公平，依循正道，舉薦有能力的人執掌政權。所以，真正賢明有才之人，應當懂得讓賢。」

對於西鄉與大久保利通等人的政見分歧，我們不作評論。不過西鄉隆盛的用人理念得到許多管理者的贊同，並被記錄和流傳下來，我們也可以從中得到很多啟發。

如果沒有全體下屬的積極支持和參與，即使絕頂聰明的人也難以獨自駕馭集體取得成功。領導人首先要讓下屬對自己產生信心，而**要使下屬產生信心則需要領導者秉持公正與勇氣**。

如何秉持公正與勇氣，西鄉隆盛進而提到三點：

第一，用人不疑。舉薦有能力的人執掌政權，就是順應天意。

第二，對於下屬的工作給予肯定。「適者授官，功者賞祿，方惜才也」，對能勝任的人授予官職，對有功勛之人則賞其厚祿，這才是真正的愛惜人才。

第三，將職位讓給德才勝過自己的人。這就是西鄉所說的「舉賢讓賢」。

這三條可以作為管理者的法則，本田宗一郎對此就深有體會。

本田宗一郎是日本著名的本田車系的創始人，曾獲日本天皇頒發的「一等瑞寶勳章」。在日本的汽車製造業，本田宗一郎是一個很有影響力的重量級人物。

但是，一九六五年，在本田技術研究所內部，人們為汽車內燃機是採用「水冷」還是「氣冷」發生了激烈爭論。本田是「氣冷」的支持者，所以新開發出來的N360小轎車採用的都是氣冷式內燃機。

一九六八年，在法國舉行的一級方程式冠軍賽上，一名車手駕駛本田公司的氣冷式賽車參賽。在跑至第三圈時由於速度過快導致賽車失控，賽車撞到圍牆上後油箱爆炸，車手被燒死。此事導致本田氣冷式N360汽車的銷量大減。技術人員要求研究水冷式內燃機，仍被本田拒絕，一氣之下，幾名主要技術人員準備辭職。

本田公司的副社長藤澤感到事態嚴重，就打電話給本田本人：「您覺得您在公司是當社長重要，還是當一名技術人員重要？」本田在驚訝之餘回答：「當然是當社長重要。」

藤澤毫不留情地說：「那就同意他們去搞水冷引擎。」本田醒悟過來，原來藤澤的意思是他僅僅是社長，並不是技術人員；而社長管理的是公司，技術人員管理的是產品，那麼，有資格對汽車產品提出意見的也應當是技術人員。於是，本田只得說：「好吧！」

後來本田公司開發出適應市場的產品，銷售量大增，那幾個當初想辭職的技術人員均被本田委以重任。

一九七一年，本田公司步入良性發展的軌道。在公司的一名中層管理人員西田委婉建議下，本田辭了職，把董事長的位子讓給了河島喜好。

秉持公正，既是勇氣更是智慧。從上例我們可以看出本田宗一郎的成功經驗之一就是：用人不挾私心，管理者與執行者的職權不能交叉。如果管理者對下屬行使職權任意干涉，擴大私人的權力，就會失去人心。同時，一個集團的共同願望應當是集體的持久發展，管理者遇到比自己還能幹的人才，就應當大公無私地把職位讓給他，這是對集體和團隊最有利的選擇。

同樣，不論下屬是什麼位置，曾經作過多大貢獻，一旦發現他犯了無法挽回的錯誤，而且是由人格污點造成的錯誤，就得辭退；而如果下屬作出了貢獻，那麼不管是處於什麼位置，都能得到上級的支援和團體的獎勵，這就是一個領導者需要秉持的公正和勇氣。

如果領導人能以身作則，秉持公正和勇氣，並且鼓勵下級領導做到公平，就能夠吸引人才。秉持公正與公平，就使得集團形成一種擁有無窮力量的集體文化，這也是西鄉所說的領導者之「天道」。這種凝聚力可以使得集團戰勝各種挑戰和危機，最終使集團發展強大。

與其許以金錢，不如授予榮譽

當前，獎勵成了管理員工的一個普遍性手段。榮譽或是金錢作為獎勵的兩種形式，對被獎勵員工有不同的影響。西鄉隆盛認為德行應與職位相適配，功勞成績要有相應的褒賞。榮譽的褒賞勝過單純的金錢俸祿，因為榮譽感更能激勵人才，有智慧的管理者懂得在職位、財物之外，給予有功績的下屬以相應的榮譽。

榮譽能滿足人的自尊、成就、自我實現等高級心理需要，是一種主要的、持久的內在激勵形式，其對人的激勵作用具有教育性、激勵性、調節性和增力性，現在不少團隊都採用獎勵激勵作為管理方式之一。獎勵激勵是指把獎勵作為激勵的一種重要手段，使用得當，能更好地刺激人的積極性，激發人們自我完善的積極性。

為取得一定成就的下屬頒發榮譽稱號，強調集體對其能力的認可，讓下屬知道自己是出類拔萃的，這樣更能激發他們做事的熱情。下屬感覺自己在團隊裡是否被重視是其態度是否積極、工作熱情是否高昂的關鍵因素。簡單地講，就是要成就下屬們的榮譽感，榮譽產生積極的態度，而積極的態度則是成功的關鍵。

有不少管理者雖然給下屬提供了高額的物質獎勵，但忽視了榮譽的授予，於是仍有人不斷地脫離集團，尋找更好的去處。這是因為人的需求是多方面的，既有物質方面的需求，又有精神層面、心理層面的需求。管理者**除了提供合理的物質獎勵外，還應重視並滿足團隊成員的精神需求，如成就感、責任感、尊重感、公平感、影響力、個人成長、有價值的貢獻等**，這樣才能最大限度地激勵成員，使其在物質、精神需求得到全面滿足的前提下，心甘情願、心情愉快、全力以赴地為企業發展而努力工作。

集體授予的榮譽或是領導的一句讚美，往往會令下屬激動很長時間，使下屬為企業的發展而竭盡全力，這就是讚美的魔力。

美國CUM公司曾發生這樣一件不可思議的事：

該公司有一位清潔工，本來可能是一位被人忽視、被人看不起的角色，但他卻在一天晚上，發現公司保險箱被竊時，與小偷進行了殊死搏鬥。事後，有人為他請功並詢問他的動機時，他的答案出人意料。他告訴大家，因為公司的總經理從他身旁經過時，總會不時地讚美他：「你掃的地真乾淨。」就這麼一句簡簡單單的話，使這位員工受到了感動，並在關鍵時刻挺身而出。

一句讚美之詞竟然有這樣強大的效果，由此可見，企業管理者通過授予榮譽能達到培養員工，提高員工的自信心和工作激情；保證工作品質，促進工作的順利完成；樹立經理人的個人威信；創造良好的企業文化等一系列效果。

美國海軍陸戰隊每個人身上都掛著兩塊牌子，前面一塊寫著：讚美我！後面一塊寫著：肯定我！美國海軍陸戰隊激勵士兵的做法是不斷地向他們重複：你們是菁英！你們是菁英！你們是菁英！

打動人最好的方式就是真誠的榮譽和善意的贊許。西鄉說，世界上有兩件東西比金錢更為人們所需——榮譽與讚美。人才激勵的方式有很多種，行伍出身而能躋身軍政兩界高層的西鄉隆盛深諳此道，他常常讚美自己手下的人，並為表現突出的武士授予榮譽稱號。他認為，與其許以金錢，不如授予榮譽。榮譽是激勵團隊成員最快捷、最實用、最經濟的辦法。

第二十四則

選人是用人的第一步，用最合適的人勝過用最好的人。人才是制度的執行者，只有找對人、用對人，才能保障制度、計畫順利進行。

【遺訓】

縱論制度方法，非其人難行乎。人有而後方法行。

【釋義】

縱然有現成的制度方法，如果沒有人才來運作，制度也難以落實。有了人才後，制度方法才能得以推行。

不惜重金聘用好的人才

從古至今，君王求賢的故事不勝枚舉。周文王尋遍渭水，終於找到垂釣的姜子牙；齊桓公不計較射他一箭的管仲，任他為相最終成就春秋霸業；劉備三顧茅廬請諸葛亮出山的故事更是流傳千古。

西鄉隆盛對經籍非常熟悉，對於歷史上的一些用人典故很有自己的心得。西鄉認為人才是一切事業的關鍵因素之一，沒有人才，計畫再好也會落空，不光是國家，任何事業都是如此。

西鄉的主上、薩摩藩藩主津島齊彬任藩主之位時，在藩內銳意改革，在各方面進行現代化建設，並且廣募人才。津島十分重視人才，西鄉多次關於用人的進言，都被津島採納，津島稱西鄉為「薩摩之寶」。西鄉也從津島身上學到許多權謀之術和用人之法。他和津島一樣對人才相當重視，他帶領著一批傑出的武士，並且廣開言路，博採眾議，可以說這批傑出的武士是西鄉獲得倒幕運動成功的關鍵因素之一。就現代管理而言，尤其是有志壯大團隊的領導者，應重視對人才的選拔和任用。

管理者在領導初期往往很重視集聚能與自己同甘共苦的人才，但是當團隊壯大之後，領導者在社會上有了名望，那種能放下自我、犧牲自我、重賢納才、進一步成就大業的精神就會逐漸消弭。

在全球經濟一體化的今天，人才問題被提到了更高的位置。怎樣識別人才、留住人才、運用人才，是擺在管理者面前一個非常嚴峻的問題。放走一個人才，不僅是自己的損失，還有可能給自己增加一個競爭對手。如今，發達國家在爭奪人才的「戰爭」中幾乎是不惜一切代價。諸多事實證明，誰獲得了優秀人才，誰就擁有了最強大的競爭力，其潛力是不可估算的。微軟公司就曾有因為招攬到合適的人才而更上一層樓的經歷。

一九八二年，微軟已經在電腦作業系統領域處於霸主的位置，於是比爾．蓋茲決定帶領微軟向軟體領域進軍。他不但想在軟體領域分到一杯羹，更期待在這個領域稱雄稱霸。雖然比爾．蓋茲的想法已經成熟，可當時微軟還不是一個多元化發展的公司，尤其在市場行銷和服務方面，微軟簡直就是門外漢。

想要進軍軟體零售市場，首先要解決的就是長期以來存在的薄弱環節——銷售。所以比爾．蓋茲面臨的第一個問題就是，必須找到一個有能力擔起微軟零售管理重任的人，否則微軟的戰略計畫就只能停留在夢想階級。於是他和總裁謝利費盡心機，甚至雇用獵頭公司幫他們尋找這個能擔當重任的人。

一九八四年初，獵頭公司給謝利送來了幾個人的資料，其中一個叫傑瑞．拉騰伯的人引起了他的注意。傑瑞．拉騰伯最初在M&M公司任職，後來又到阿塔里電腦公司從事銷售工作，現在在科瓦拉技術公司任銷售督導，他本人具有豐富的零售行銷技巧、實際的銷售經驗和超強的管理能力，他正是微軟一直尋找的那個人。經過謝利的一番誠心遊說，傑瑞．拉騰伯終於同意到微軟工作。

一九八四年五月傑瑞．拉騰伯正式就任微軟銷售部門副總裁一職，但是很快他就被微軟糟糕的服務管理「嚇呆」了。當時微軟的應用軟體產品不斷地開發出來，但是在微軟很少有人知道軟體零售市場到底是怎麼回事。傑瑞．拉騰伯到微軟工作幾天後，憑藉他對銷售市場多年的經驗和知識，立即就發現微軟的病因所在。

「對於一個像微軟這樣的大公司而言，居然沒有一支強有力的使用者服務隊伍，沒有為使用者提供全面、周到的服務，簡直讓人難以想像。」傑瑞．拉騰伯直言不諱地對比爾．蓋茲說。面對侃侃而談的傑瑞．拉騰伯，比爾．蓋茲這次完全將他習慣刁難他人的方式收了起來，因為他對行銷確實是知之甚少。後來經過傑瑞．拉騰伯對微軟零售和服務隊伍的整頓，微軟在軟體領域也開始大展拳腳。

比爾．蓋茲這種當機立斷、用人不疑的精神和乾脆俐落的氣魄和膽略，不但顯示出他的將才風度，更使微軟步入了飛速發展的軌道。

比爾．蓋茲還有一句管理名言：「一個公司要發展迅速，得力於聘用好的人才，尤其需要聰明的人才。」找到了人才，事已成一半。任何時代，沒有哪一位管理者會忽略人才的重要性。「人有而後方法行」，西鄉的人才觀簡單直白，一語道破了人才與事業關係的真諦。尤其在今天，誰擁有人才，誰就是知識經濟時代的強者。

現代社會要求管理者將人才放在事業發展的戰略高度，用一套完善的制度來甄選和培養人才，發揮人才的最大潛能，為個人和團隊創造最大價值，使得企業團隊能在行業發展路上，越走越寬廣，越走越穩當。

以人為本

作為領導者，身邊集結最好的人才並不是理想狀態，把人才用到位，讓其發揮出最大的能量才是最重要的。西鄉隆盛道出了集結人才的重要意義，他曾將敬天愛人——敬奉天理，關愛世人，作為自己的座右銘，強調的正是「以人為本」的觀念。正是因為西鄉隆盛看重每一個人才，他的下屬都十分敬佩他，對他忠心不二。對於一個集體來說，人的因素不可小覷。如果不能把身邊的人才一一運用得當，使其各展所能，並得到心靈上和物質上的滿足，那就不是一個好的領導者，最終甚至會妨礙整個團隊的發展。西鄉隆盛「以人為本」的觀念同樣可以運用到現代管理中。

惠普公司是很典型的「以人為本」的企業，其創始人大衛·帕卡德是最早提倡「以人為本」的管理理念的人，他說：「一家公司有比為股東掙錢更崇高的責任。我們應該對員工負責，應該承認他們的尊嚴。」

在帕卡德和休利特的領導下，惠普形成了一種新型的企業文化，對個人的尊重與信任是其文化的核心，包含幾個方面：

1. 集結最好的人才

強調團隊精神，然後燃起他們必勝的信念。

2. 不斷改善員工福利制度

在休假之外，惠普還為員工提供了其他很多福利。惠普不要求員工把全部身心都投入工作中，不希望員工因為工作而失去個人生活，認為對研究人員施加過大的壓力無異於殺雞取卵。

3. 獨特的彈性工作制

一九六七年，惠普在德國的波布林根率先實施彈性工作制。帕卡德說：「在我看來，靈活工作時間是尊重人、信任人的精髓。它表明我們既看到了職員個人生活的繁忙，同時也相信他們能夠同其上司和工作群體一起制定一個既方便個人又公道合理的時間表。」這種靈活的上班制度允許員工在保證完成規定工時和工作量的情況下，自由掌握上下班時間。惠普不記考勤，沒有上下班打卡制度。惠普的員工都有帶薪休假，只要提前跟自己的上司申請，不耽誤工作，基本上想什麼時候休假都可以。帕卡德認為，容忍個人的不同需要是以人為本的核心，是表示對員工尊重和信任的要素之一。

4. 允許辭職的人再次回到惠普

惠普有一個同甘共苦的用人政策：「我們為你提供一個永久的工作，只要你表現良好，我們就僱用你。」早在二十世紀四〇年代，帕卡德和休利特就決定，惠普不能「用人時就僱用，不用人時就辭退。」

一九七〇年由於美國經濟下滑，公司訂貨量低於生產能力，惠普員工面臨被解僱的危險，但是帕卡德和休利特頂住壓力，沒裁掉一個人，而是全體員工一律減薪10％，減少工作時數10％，保證了全員就業。

5.為員工提供培訓深造的機會

惠普的合格工程師可以在史丹佛大學繼續深造，已有數百名工程師通過這個計畫獲得了碩士或博士學位。

惠普的「以人為本」用人理念，體現了管理者對員工的信任和尊重。正如另一位創始人休利特所說：「這是由一種信念衍生出來的政策和行動，這種信念是：相信任何人都願意努力工作，並能創造性地工作，只要賦予他們適宜的環境，他們就能做到這一點。」

所謂的人性化管理，重點在於為團隊成員的個人利益著想，給團隊成員成長的時間和空間，這樣，等到他們成長起來的時候，自然對團隊抱著感恩的心，就很容易把所有團隊成員凝聚起來，共同為團隊的發展出力。

真正的用人之道，不是把所有的優秀人才都集中在身邊，而是以人為本，使人才站在最合適的位置上發揮最大的能力。

第二十五則

人才不僅是指有能力的人，還包括可以用自身的品行影響和帶動周圍的人，使團體能夠積極向上健康發展的人。如果一個人能力很強，但個人品行極差，不利於團隊凝聚力的形成，這樣的人算不上人才。用人，不能只看才能，更要看品德。

【遺訓】

今之人以為，才識具則事業隨心成。然任才為事，其危可見矣，有體方行用。今已不見如肥後長岡先生之君子，予歎息，遂書古語以授：

「夫天下非誠不動，非才不治。誠之至者，其動也速；才之周者，其智也廣。才與誠合，然後事可成。」

【釋義】

當今的人都以為，只要具備才能和膽識就會心想事成，功成名就，其實不然，以恃才傲物的態度做事只會導致危機四伏。一個人除了才能和膽識外，還要有堅定的誠心行事才能成功。當今已經很難找到像肥後的長岡先生那般傑出的人才了，我不禁慨然長歎，只能記錄下古人之言，希求警戒世人：「夫天下非誠不動，非才不治。誠之至者，其動也速。才之周者，其智也廣，才與誠合，然後事可成。」

（注釋：世間之事唯擁有至誠之心方能實現，唯擁有才學、見識方能治理國家。精誠所至者，行事迅速；才高識遠者，其治理範圍也廣。才識與誠心合二為一時，萬事才有可能成功。）

不同時期，不同的用人標準

西鄉十分看重人的品德，認為德行比才能更重要。他說「天下非誠不動，非才不治」，意思是「世間之事唯擁有至誠之心方能實現，唯擁有才學、見識方能治理國家」。他認為，才識與誠心合二為一時，什麼事都能成。

唯才是舉是自古以來一個重要的用人觀念。許多人都以為，只要具備才能和膽識就會心想事成，功成名就，然而西鄉並不這樣認為，他並不贊同唯才是用的做法，因為恃才傲物的人辦事很有可能導致錯誤和麻煩。

在他看來，真正的人才應當是：**人格第一，膽識第二，才能第三**。

人才，是國家、社會以及一切事業發展最核心的要素。而擇選人才的標準是什麼？德行重要還是能力重要，這是歷來都在探討的問題。古人司馬光和曹操在選才用才方面，都有其獨到的看法。

司馬光曾專門就人才選用進行論述，他認為才與德是兩回事，而世俗之人往往分不清，一概而論之曰賢明，於是就看錯了人。所謂才，是指聰明、明察、堅強、果敢；所謂德，是指正直、公道、平和待人。才，是德的輔助；德，是才的統帥。雲夢地方的竹子，天下都稱之剛勁，然而如果不矯正其曲，不配上羽毛，就不能作為利箭穿透堅物。棠谿地方出產的銅材，天下都稱為精利，然而如果不經熔燒鑄造，不鍛打出鋒，就不能作為兵器擊穿硬甲。所以，無德無才稱之為庸人，德才兼備、德勝過才稱之為君子，才勝過德稱之為小人。

挑選人才時，如果找不到聖人、君子而委任，與其得到小人，不如得到愚人。這又是為什麼呢？

因為，君子把才幹用到善事上，而小人卻會用才幹來作惡。持有才幹做善事，能處處行善；而憑藉才幹作惡，就無惡不作了。庸人儘管想作惡，因為智慧不濟，氣力不足，好像小狗撲人，人能制服它。而小人既有足夠的陰謀詭計來發揮邪惡，又有足夠的力量來逞兇施暴，就如惡虎生翼，他的危害難道不是更大嗎？

有德的人令人尊敬，有才的人使人喜愛，對喜愛的人容易寵信專任，對尊敬的人容易疏遠；察選人才者經常被人的才幹所蒙蔽而忘記考察他的品德。從古至今，國家的亂臣奸佞，家族的敗家浪子，大都是才有餘而德不足之人。治國、治家者如果能審察才與德兩種不同的標準，知道選擇的先後，又何必擔心失去人才呢！

由此可以看出司馬光主張德勝於才。與之矛盾的是，他對任人唯才的曹操，卻是讚不絕口。司馬光在《資治通鑑》中評價曹操知人善任，明察秋毫，很難被假象迷惑；能夠發掘和提拔有特殊才能的人，不論地位多麼低下，都按照才能加以任用，使他們充分發揮才智。

曹操的用人哲學是：「唯才是舉，吾得而用之！」他曾說：「假如必須使用清廉的人，那齊桓公（管仲輔助他成為春秋首霸）又怎麼能稱霸於世！大家要幫助我推舉人才，即使身份卑微，只要有才能就儘管推薦，讓我能夠任用他們！」

魯迅評價曹操用人「不忠不孝不要緊，只要有才就可以」。柏楊在《中國人史綱》中也說：「曹操是一個力行實踐的政治家，他的用人行政，只要求才能，而不過問私生活。」

按照「德才兼備論」，曹操所用之人多是「小人」，為何司馬光卻又大加讚賞呢？**對應現代企業的發展狀況來說，曹操是創業者的代表，所以要講實幹；司馬光當時是守業者的代表，所以主張以德服人。**

這裡出現的人才標準上的矛盾，是「創業」與「守成」形勢不同的一種必然結果。

通過上面的分析，我們想要說明的是，對於一個剛剛創業的經營者，可能要參考曹操的用人觀，唯才是舉，開創自己的事業；對於一個守江山的經營者，則更適用司馬光的人才觀，重視品德，從而讓成功更持久。

能用君子，善用小人

君子，即德高望重、能力亦出類拔萃之人，人品優異、為人處世頗具修養，廣受信任。小人，可解釋為其人才能出眾，然而人格不成熟，尚缺修養，雖不足以稱為惡人，卻仍需要完善人格。西鄉推崇的是才學與德行合二為一的人才，即君子型人才，但同時他也認為小人型的人才可以合理運用。在管理哲學中，我們要既能用君子，也善用小人。

人才是社會的一種戰略性資源，與其他資源不同，人才的得與失往往決定著團體事業的成敗。尤其在競爭激烈的商業社會，各大商業集團競爭的關鍵正是對人才的競爭。如果你在人才資源上勝過對手，又能恰當運用，那麼你便會成為競爭中占據優勢的一方。相反，如果你不善於用好手中的人才，那麼他們對你事業的打擊將是致命的。

西鄉遺訓中提到，開天闢地以來，世間十之七八均為小人，應該善於體察小人的所思所想，取其所長，用作下屬，充分發揮其才能技藝。這說明，管理中要用「君子」，更要用好「小人」。

小人往往具備一定的才能與技藝，應善加利用，將其安排在合適的位置，發揮其所長。

在團隊當中，年功序列制也罷，實力主義也罷，只要以能力論成敗，便一定會出現地位與人格不符的矛盾。本來，對人格與地位的考察應當並行不悖。然而，現實生活中君子甚少，而小人眾多，正是「茫茫人海，適者難覓」。那麼，若拒用小人，組織機構就無法建立，工作也無法進行。西鄉的解決之道是，雖然小人人格尚不完善，但既然有才幹、有能力，就應予以任用，提供空間以充分發揮其實力。需要注意的是，在任用小人時應看透小人不成大器的缺點，然後考慮如何在團隊內揚其長、避其短，這是領導者的要務。

善於用小人，不僅在於用其可用之才，同時也在於避免過度排斥小人，導致小人阻礙甚至破壞團隊的事業。

領導者最重要的就是善於選人、留人、用人，知人善任、廣納群賢。有德有才的人，是不可多得的管理人才，也將是團隊的骨幹和企業的中堅力量，毫無疑問，要用但這般完美的人才畢竟難求。在企業發展過程中，用人難免面臨德與才的矛盾。對德與才的矛盾處理要把握好以下幾點：有德無才的人不必用，大事辦不了，小事辦不好，不是塊好料；有才缺德的人不可用，不做事是小事，干擾工作或破壞團結則是大事；品德才能都一般的要用，「十個指頭有長短」，選人最忌求全；君子有可能是才能一般卻品德優秀的人，這種人要用，他們往往有責任心，有正義感，有熱情，有凝聚力，他們是團隊凝聚力形成的主要力量。

避免小人壞事的最好方法是把他用在恰當的地方。

小人可能是品德一般而才能突出的人，這種人要用，但是給他任務的同時還要加強對他的監督，這樣他就可能成為整個集團的左臂右膀。曾國藩說：「人才靠獎勵而得，大凡中等之才，將帥鼓勵便可成大器，若一味貶斥不用，慢慢就會墜為朽庸。」

大凡成功人士，都是善於用人的。這有個前提，就是要善於識人、攏人，然後才可用人。作為一個領導，要懂得如何識人，識人才會有人，要會用人，用人之長，避人之短。要用「君子」，更要用好「小人」。

第二十六則

一個團隊有人才不代表一定有競爭力，能夠長久地留住人才，使人才真正發揮影響力和能力，才能使團隊保持競爭力。留住人才、培養人才，正面帶動人才，這些都是「製造人才」的題中之意。

【遺訓】

失節義廉恥決無持國之道，西洋各國亦然。位於上者對下爭利忘義，下皆仿之，人心忽趨財利，卑吝之情日長，失節義廉恥之志操，父子兄弟之間亦爭錢財，至反目也。長此以往，何以持國？德川氏滅將士之猛心以治世，然今較昔戰國猛士猶勇之心若不奮起，與萬國對峙不得也。普法之戰，法傭兵三十萬、糧三月然終降伏。人笑曰：「算盤過精之故也。」

【釋義】

失節寡義、廉恥不辯，絕不是治國之道，這一點，即便西洋各國也是適用的。領導者對下屬不義，爭權奪利，下屬潛移默化地仿效，致使人人皆奔赴功利，不惜丟棄知節、知廉恥的情操，助長卑鄙的態勢，即便父子兄弟之間也要為搶奪錢財而反目成仇。長此以往，靠什麼來秉持國政？德川氏靠抑制將士的勇猛之心來治世，然而，如今仁人志士和昔日的戰國勇士比起來，如果勇敢的心還不奮起，那麼是不可能匹敵萬國的。普法戰爭時，法國坐擁三十萬精兵，三月軍糧，卻仍逃不脫敗北的結局。人們恥笑道：「法國失敗是因為金錢的如意算盤打得過於精明了。」

留住人才，首先要製造人才

施行人性化的管理，才能留住人才。西鄉認為，當時的仁人志士和昔日的戰國勇士比起來，只有依靠勇敢才能與世界各國抗衡。

可以說，**一個團體成敗的關鍵在於是否把人才視為最重要的財產，是否尊重每一個團隊成員**。如果做到這一點，就能倚靠人才創造出不同凡響的功績。可見，人性化管理具有重要意義。

然而在今天，團隊成員對團體的忠誠度和依賴度大幅度降低，如何在新的環境下吸引人才、留住人才？

一般人認為，提高勞動報酬是首要方法。待遇福利固然重要，但這只是其中一個方面，除此之外，領導者對待下屬還要有關愛之心，要有博愛包容的胸懷和心態。此外，最優秀的人才，還需要你給他提供一個平臺，讓他盡情發揮才能，同時給他更多開發潛能的機會，有上進心的人才更希望通過不斷成長來實現自我價值。要留住人才，首先要製造人才。

日本松下電器善於製造人才，其創始人松下幸之助十分信服西鄉隆盛的一句格言：「對國家有功者應給予俸祿，但不能因為有功勞而給予職位，該給予職位者，必定具有與職位相匹配的能力與見識。若將職位給予有功勞而無見識者，國家必致衰敗。」這句話強調，任用人才一定要根據人才的實際能力而不僅僅是功勞。

松下致力於為人類提供無限豐富的物質產品，並且要為顧客提供第一流的服務，這都需要大量的優秀人才。松下幸之助說：「松下電器是製造人才的公司，兼做電器產品！」

松下幸之助認為，自己一個人的能力是有限的，松下電器公司不能僅僅靠總經理經營，甚至依靠所有幹部經營也不夠，而是要靠全體職員的智慧來經營。培育人才，開發他們的智慧，是松下公司實現偉大理想的基礎性工作。

松下公司制訂了長期人才培養計畫，開辦了奈良職工研修所、東京職工研修所和海外研修所等八個研修所以及一個高等職業學校，供全體員工進修。現在松下公司課長、主任以上的幹部，多數是公司自己培養起來的。

在培養與使用人才上，松下幸之助有自己獨到的見解：

1.注重團隊成員的品德培養。如果下屬缺乏應有的品德，就會在社會道義上造成不良的影響。

2.注重團隊成員的精神教育。松下幸之助力主培養人才的向心力，讓每個成員瞭解團隊的創業動機、傳統、使命和目標。

3.要培養團隊成員的專業知識和正確的價值判斷。人如果沒有足夠的專業知識，就不能滿足團體的需要，人與知識相結合才能擁有強大的力量；沒有統一的價值觀，公司就是一群烏合之眾，人如果總能依據團體價值觀判斷事務，在做事時就能儘量減少失敗。

4.訓練團隊成員的細心。細節往往能夠影響大局，犯一點差錯，就可能導致不可挽回的局面，因此培養團隊成員的細心至關重要。

5.培養團隊成員的競爭意識。無論身處哪個集體當中，有競爭意識才能澈底地發揮出潛力。

6.教育的中心，以培養一個人的人格為第一。一個具有良好人格的人，在團體環境條件好時，能夠自我激勵，一天天地進步；在形勢不好時，也能承擔壓力，以積極的態度渡過難關。

7. 人才搭配要合理。用人時必須考慮各個成員之間的相互配合，如此才能發揮個人的聰明才智，這是人事管理上的金科玉律。

團體裡不一定每個位置都要選擇精明能幹的人來擔任。如果把十個自認一流的優秀人才集中在一起做事，每個人都有他堅定的主張，那麼事情就無法決斷。但是，如果十個人中只有一兩個人特別傑出，其餘的才識平凡，傑出的人負責決策，其餘人真心服從指揮，事情反而可以順利進行。

8. 用一個人，就要信任他；不信任他，就不要用他，這樣才能讓屬下全力以赴。

9. 創造能讓團隊成員發揮所長的環境。團體越大越不容易提升效率。有些人並不是不想有一番作為，而是缺少勤奮工作的環境。身處不能施展才幹的氣氛中，容易產生「多一事不如少一事」的想法。然而，團體中的成員如果不努力做事，團體就無法生存，所以創造出能充分發揮每個成員能力的環境是非常必要的。

10. 適時提升團隊成員是最能激勵士氣的方法，這有助於帶動其他成員努力。

在今天，人才愈來愈成為事業的核心因素。找到人才、留住人才、恰當運用人才就成為企業求存的關鍵。對管理者來說，最忌諱的是遏制人才的個性發揮與成長，甚至對下屬過於苛刻，這些都是離心離德的做法。就像末期的德川幕府，之所以失敗，與其違反人性管理法則有很大關係。對人才給予更多包容和人性關懷，是人性化管理的一方面，而製造人才、給人才提供發揮的空間和平臺，讓人才與團體共同發展，才是最富智慧的管理思路。

人格魅力是最強的領導力

真正的領導能力來自於讓人欽佩的人格。西鄉隆盛重情重義重信，在日本明治維新三傑中最受人愛戴，其原因與其獨特的人格魅力有很大關係。作為將帥和政界高層官員，西鄉對領導者的品格修養有自己的見解，領導者自身要具備高素質，具有極高的人格魅力，才有資格領導下屬。只知道爭權奪利、對下屬甚至父子兄弟不講信義仁愛的領導者，在下屬眼裡毫無魅力可言，即便他的能力再出色，他的威信和影響力也會受到負面影響。

成為好領導的第一點是：可以讓他們怕你，但不能讓他們討厭你。

人格魅力是一種影響力，是領導者以自己高尚的道德品格和情操，在長期的領導活動中形成和發展出的獨特感染力、影響力、吸引力、號召力等的總和，是領導者建立良好人緣的基礎和關鍵。與影響領導者人緣的其他因素相比，人格魅力具有非強制性、無形性、滲透性等特徵。有能力的人，不一定有人格魅力，人格魅力並不等同於影響力加領導力，僅僅讓下屬喜歡，不是一個好的管理者。優秀的領導者必須樹立威信，孔子說：「君子不重則不威。」缺乏威信的管理者，同時也喪失了有效的執行力，因為你的下屬可能因為無心的怠慢導致任務延遲，這是聰明的管理者必須警惕規避的。

好的領導者的第二個特點是：讓下屬喜歡你，不如讓他們尊敬你。

在西鄉看來，領導者的人格魅力影響著其任務執行的能力。其影響主要通過領導者運用權力時產生的親和力、凝聚力、感召力，使被領導者心甘情願地為實現既定目標努力奮鬥而體現出來的。

管理者的擔當能力最能體現他的受尊敬程度。如果他是一個關鍵時刻推諉、逃避責任的人，那他一定得不到尊敬，他的團隊最終會分崩離析。歷史記載中這類正面例子不勝枚舉。

魏扶南大將軍司馬炎，命征南將軍王昶、征東將軍胡遵、鎮南將軍毌丘儉討伐東吳，與東吳大將軍諸葛恪對陣。毌丘儉和王昶聽說東征軍兵敗，便各自逃走了。朝廷將懲罰諸將，司馬炎說：「我不聽公休之言，以至於此，這是我的過錯，諸將何罪之有？」雍州刺史陳泰請示與並州諸將合力征討胡人，雁門和新興兩地的將士，聽說要遠離妻子去打胡人，都紛紛造反。司馬炎又引咎自責說：「這是我的過錯，非玄伯之責。」

老百姓聽說大將軍司馬炎能勇於承擔責任，敢於承認錯誤，莫不嘆服，都想報效朝廷。司馬炎引二敗為己過，不但沒有降低他的威望，反而提高了他的聲望。

擁有最高的人格魅力才能掌控最高的管理智慧。在前述兩點的基礎上，**一個優秀的管理者還應當盡力使自己具備幽默、樂觀、公平、寬容的品格。**

這些個性特質，將把其他人吸引到你身邊，凝聚在你周圍，營造出一個充滿活力、充滿人情味的可信賴的氛圍，並以此激勵下屬發揮潛能，提高工作效率。擁有令人欽佩的人格魅力的領導者，具備改變現狀的能力，能夠獨立思考，大膽創新。

人格魅力一旦形成和塑造起來，就會在領導者實踐中產生多方面的積極效應，為領導者建立良好的人際關係奠定堅實的基礎。西鄉隆盛戎馬一生，但他很重視通過學習和自省修身來提升自己，所以他的號召總能得到人們的回應。

此外，西鄉還認為，衡量一個人的品格還要看他在不同環境下對原則的堅持程度，越是惡劣、緊急的環境，越能體現一個人品格的高貴。最後，對手也將被這種人格的力量所折服、所傾倒。

作為將帥，西鄉隆盛既受部下同僚愛戴，又得到了對手的敬佩。在戊辰戰爭後期的東北戰場，作為統帥的西鄉參加了對莊內的激烈戰役。獲勝後他卻出人意料地下令收繳自己將士的佩刀。原因是避免雙方再次發生衝突，同時也是出於對戰敗者的尊重。而當時的情況是，所有部屬仍沉浸在戰勝的興奮情緒中，這一命令無疑是任何一支部隊都難以接受的。但西鄉擁有絕對的威信，所以令下之時，所有將士服從指揮，收起勝利者的耀武揚威，代之以嚴肅秩序的空手進城。後人欽佩西鄉隆盛的膽識與大度，常常忽略了這一事件所體現的是他的絕對威信與個人魅力。

那麼，如何做一個富有人格魅力的領導呢？

第一，工作勤勉，能毫無怨言地為工作早起加班，從不懈怠工作。遇事沉著冷靜、深思熟慮，在處理各種事務時，既能兼顧各種利益，又能顧全大局。

第二，既有領導者的威嚴，又有真摯熱忱的內心情感。關心下屬的切身利益，真正地為員工排憂解難。做事誠實守信，為人處世胸懷寬廣有度量，能夠在企業中構建信任。

第三，善於舉賢讓賢，能夠識別人才，重用提拔人才，為人謙遜，不嫉賢妒能，秉公辦事，不任人唯親。能敏銳察覺企業存在的問題與難題，眼光長遠，居安思危，決策有預見性。

以上三條，對於在下屬面前樹立良好的個人魅力將大有幫助。

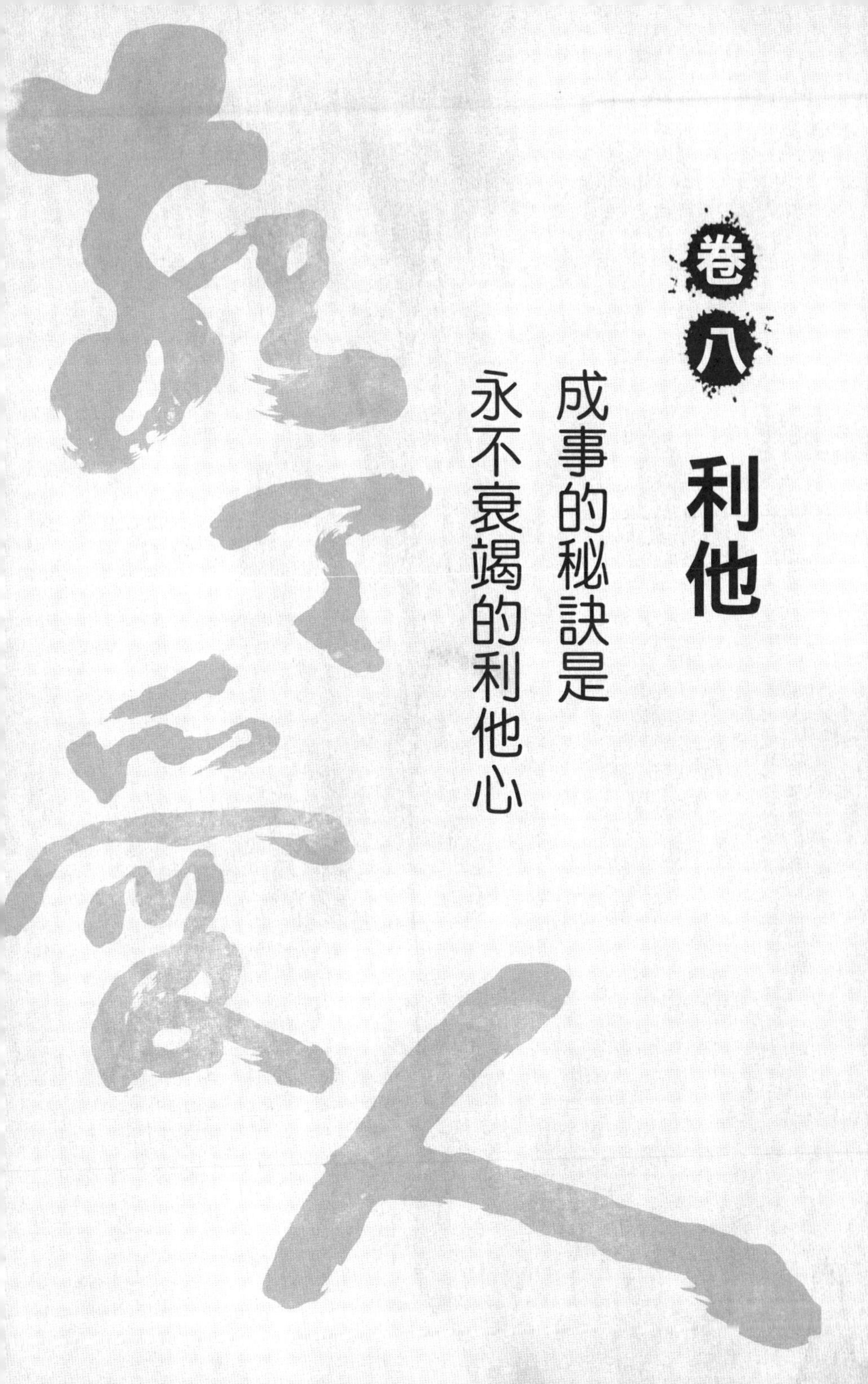

卷八 利他

成事的秘訣是
永不衰竭的利他心

第二十七則

百姓共用財富，國家才富裕；一個群體共用利益，才能發展壯大。如果國家或群體的管理者為了一己之私利，侵害百姓、下屬的利益，將導致分崩離析的後果。共用是一筆隱形的財富，以「利他」之心處事，是實現共贏的捷徑。

【遺訓】

薄租稅以裕民，即養國力也。故縱國事繁雜苦財用之不足，確守租稅定制，損上而不虐下也。試觀古今之事，道不明之世，苦財用不足之時，必用曲知小慧之俗吏，巧聚斂，以解一時之欠乏。儼然擅理財之良臣，以手段苛酷虐民，人民不堪其苦，欲避聚斂，自趨譎詐狡猾。上下互欺，官民敵仇，終至分崩離析乎。

【釋義】

減輕百姓的租稅負擔使國民生活寬裕，就是蓄養國力。因此，縱然國家事務繁複冗雜，財政資源不十分充足，也要嚴守收租納稅的相關制度規定，寧可使上級階層承受損失，也不可使下層民眾的利益受到損失。回顧歷史上政道不昌明的朝代，在遇到國家財政緊縮的時候，一定會利用行為不端、耍小聰明的官吏，巧取豪奪，聚斂錢財，以填補一時的財政虧空。這些看起來擅長理財的所謂「好官」，實際上憑藉嚴苛冷酷的手段，壓榨虐待國民，人們會不堪重負；為了逃避這種盤剝，人們也會不自覺地變得狡猾奸詐，欺上瞞下。這樣一來就會造成上下互相欺瞞，官民敵對，最終導致國家分崩離析。

利他分享才能利己

「利他」是西鄉隆盛處世哲學中的一個重要概念。就財富而言，西鄉的利他哲學首先要求分享與博愛，拒絕為私利損害他人的利益。

在西鄉看來，金錢財力可以讓政府擁有雄厚財力，但無法實現國家真正的強大，平民的富足才是國家強盛的有力證明。

治國如此，為人亦是同樣的道理。**擁有不如用有**，就財富而言，不善於分享會讓人變成守財奴，讓錢變成腐蝕意志的鴉片，一切只向利益看，人就會被金錢奴役。不懂得分享的人是貧瘠的，真正的財富不是獨攬，是分享。

生命中可以與人分享的東西有很多，包括金錢，知識、快樂、信念、食物……只要你願意，一切都可以分享。贈人玫瑰，手有餘香，把手中的好事拋灑出去就是整個天下的好事。

春天，菊次郎的母親英子在院子裡種了一棵菊花。三年後的秋天，小小的院子變成了菊花園，金黃金黃的花朵簇擁著次第開放，整個小山村都散發著濃濃的芳香。

母親英子整日敞著院門，守在門旁邊看見過往的鄉鄰就熱情地招呼或邀他們進來坐坐，以便讓滿院的菊花吸引來更多的目光。於是，小小的山村彷彿也在秋天美麗起來。

後來，有人向英子要幾棵花種在自家院子裡，她答應了，還親自動手挑揀開得最美、枝葉最粗的幾棵，挖出根鬚送到了別人家裡。消息很快傳開了，前來要花的人接連不斷。在英子眼裡，這些人一個比一個知心，一個比一個親近，都要給。不多日，院裡的菊花就被送得一乾二淨了。沒有了菊花，院子裡就如同沒有了陽光一樣落寞。

秋天的最後一個黃昏，年幼的菊次郎撅著小嘴，滿懷沮喪。英子明白兒子的心思，她輕輕拉過菊次郎的手，說：「這樣多好，三年後便是一村的菊香！」

一村的菊香！菊次郎清澈的大眼睛瞬間明亮起來，彷彿看到滿村的美麗菊花。有了美好和幸福，不是一個人獨自享受，而是和大家共用。「一村菊香」勝過一家菊香，母親英子的話點亮了菊次郎年幼的心，讓他明白了對待美好的東西，分享勝過獨占。

生活中，自私的人往往會收到更多的自私，而與人分享的人能獲得更多的慷慨回報。好比你有五個蘋果，獨自品嘗便只能嘗到同一種味道，如果將其中四個蘋果分給別人，別人再以香蕉、橘子、芒果、草莓作為回贈，那麼，你就能嘗到五種水果的味道，這就是分享的快樂與滿足。

俗話說好心有好報，前世種善因，今生收善果。為別人利益著想，慷慨施捨，我們自己也將從中受惠。把自己的熱心與人分享，就會收穫到更多的熱心；把樂趣與人分享，就會品嘗到更大的樂趣。

當我們左手付出愛時，便能從右手收穫愛。分享，只會讓人更加富有。分享可以密切友誼，增長知識，可以在交流中增加技能，使家庭幸福，愛情昇華，事業順遂，讓我們既成功又快樂。

與人分享首先要做到有效溝通，不管是開心的事還是煩惱的事，都要多和身邊的親人和朋友交流。倘若什麼都放在心底，在與人交往的過程中就容易產生誤會，從而加深人與人之間的隔閡。

其次，要與人分享生活中的快樂與憂愁。正如將一院菊香變作一村菊香，快樂與人共用，就會產生數不清的快樂。憂愁與人共用，則能更快拉近彼此的距離，而且，多一個人就多一份驅散憂愁的力量。

不過，分享也需要正確選擇對象和方式，應注意以下幾點：

1. 絕不跟占為己有的人分享。事後把分享的成果據為己有的人，不值得與之共用。

2. 對於非團體性而**純粹個體性的競爭**，分享會影響自己的競爭成績，暫時不要分享。

3. 對他人有利，對自己無害的可以分享。比如，在全國性的比賽中，你的競爭對手來自全國各地，把好的學習或提升方法告訴同伴，只會促使大家一同進步，而不會改變自己比賽的結果。

4. 追求團體目標的過程中，分享十分重要。

西鄉的「利他」思想主要在於讓別人從自己這裡得到益處。所謂「損上而不虐下也」，寧可使自己承受損失，也不可使其他多數人的利益受損失。學會分享、給予和付出，我們會感受到捨己為人，不求任何回報的幸福。

在生活中，應超越狹隘、幫助他人、撒播美麗、善意地看待這個世界。分享是一筆隱形的財富，聰明和技巧都留不住它，只有當你成為一個樂善好施、能衝破自私的人時，它才會向你聚集。

財散人聚，財聚人散

西鄉反對以犧牲眾人利益來牟取私利的政策，寧做貧中之富，不做富中之貧，這是利他哲學在社會群體關係中最重要的體現。**貧中之富是指一個人物質生活不豐富，卻充滿愛心；富中之貧則是指那種在物質上享有富裕的生活，卻吝於付出愛心，缺乏感情的人**。只是一味斂財，是守財奴的表現，成不了事。

財散人聚，財聚人散，既是個人應具備的財富理念，也是成大事時應遵循的原則。任何一個組織的領導者，都不應只為自己賺取財富，而要適當地將財散出去，這樣才能凝聚人心，這也是人我之間分享精神的一種體現。

利他和分享的理念也可以運用在企業管理的領域，集合團體的力量累積財富，實現企業贏利、團隊成員共同得利，是商業團隊成功的秘訣之一。

松下公司沒有裁員的歷史，松下幸之助推行員工終身僱用制。這體現了對人的尊重和關懷，員工備受公司尊重，當然會熱愛自己的公司。松下幸之助認為，要為顧客服務，得先為自己公司的員工服務，如果連自己人都不滿意，還談什麼服務顧客呢？還談什麼優秀服務呢？松下電器公司因此給員工提供了很多精神和物質上的滿足。

松下公司提倡「玻璃式經營法」，即透明經營：

1. 核心內容是公開經營目標。松下幸之助很注重向部下和員工揭示目標，每年每月從不間斷。這種公開可以喚起員工的責任感和工作熱情，例如一九三二年，公司宣佈以給每位員工都提供夢想的機會為使命，偉大的夢想造就了這個偉大的公司。

2. 公開經營實況。松下幸之助把喜訊帶給員工，請大家分享成功的歡樂；他也把壞的東西都說出來，依靠大家的力量，一次次渡過難關。

3. 公開財務狀況。這種方法可激發員工的進取熱情，大家聽到贏利結果，都興奮地認為，這月如此，下月要更加努力。

4. 技術公開。松下幸之助曾經為了合成材料的配方而苦苦探索，可是當他自己招收員工生產時，卻把這種在別家公司視為「最高機密」的配方、技術等，都告訴給了工人。松下幸之助的理由是：「公司成員之間彼此信賴，至關重要，小心謹慎地保守秘密，心事重重地經營，實在費力，也難有好的成效，對培養人不利。」

松下幸之助的「玻璃式經營法」是對員工的一種尊重，能讓員工感覺自己確確實實是公司的一分子，他們把公司的事業看成自己的事業，從而激發出蓬勃的朝氣。松下幸之助說：「為了使員工能以開朗的心情和喜悅的態度工作，我認為採取開放式的經營比較理想。」

不僅經營企業需要「利他心」，人際關係中也需要時時為他人考慮。然而，現代社會競爭壓力巨大，世人常常你爭我奪，就算不損己也不願利他。為他人作嫁衣的人似乎少之又少，於是人的私心更重了。自私的人，沒有人願意與其共事，因此他也難以成大事。

想要改正自私心態，不妨從多做些利他行為開始。例如關心和幫助他人，給慈善公益捐款，為他人排憂解難等。私心很重的人，可以從讓座、借東西給他人這些小事情做起。多做好事，可在行為中糾正過去那些不良的心態，從他人的贊許中得到快樂，從而感受到利他的樂趣。

現實中，很多人以低調的姿態做著各種各樣的好事，這種不求回報的姿態，在人與人之間連成了一條充滿善意和關懷的紐帶。這條紐帶越長，幫助他人越多，就能得到越多的幫助，獲得更大的成功。

我們生活在一個人與人組成的社會大群體中，每個人都是這個群體的一部分，**如果人人都抱持一份寧可損己也不損人的原則待人處世，那麼整個群體就會在共同獲益的同時，共同發展進步**。反過來，如果人人都只為自己著想，有了財富也只想獨自享受，心中充滿自私的欲望，對於想得到的東西不擇手段也要得到，那麼社會就會變得渙散，充滿惡意，人與人之間也會爭鬥不休。

身處群體，人與我之間有不可分割的聯繫。時時為他人考慮，為他人著想，就等於為自己著想。損人利己，雖然短期內能見良效，但時間一長，便是孤立自己。

第二十八則

強者要對弱者有悲憫情懷，不可恃強凌弱。強國對弱國應秉持一顆仁慈之心，助其去野蠻，開教化，這才是強者之文明。在社會中，強者也不能一味彰顯自己的強大，要給弱者以生存的空間，才能實現整體的繁榮。

【遺訓】

文明，贊道理遍行之語也，非言宮室之莊嚴、衣服之美麗、外觀之浮華。聞世人所倡，何為文明、何為野蠻，全然不解。予嘗與人論，回：「西洋野蠻。」彼以「否！文明也」爭。予連駁之：「非也，非也，野蠻矣。」彼惑：「何言至此？」答曰：「倘西洋實文明，對未開化之國本慈愛、懇說諭、啟其開明。然非如此，對未開蒙昧之國行極殘忍之事以利己，此乃野蠻也。」其人笑曰：「閉口無言矣。」

【釋義】

所謂「文明」，本是對推廣合乎道理之事的讚頌之詞，而不是強調宮殿奢華莊嚴，衣著華麗富貴，外觀華而不實。只要聽聽世人所宣導的，就會知道他們全然不能區分文明和野蠻。我曾經與某人討論這個問題，我說：「西洋是野蠻的。」對方卻以「不，西洋是文明之地」作為辯駁之詞。我一遍一遍地反駁他，對方疑惑不解，便問：「為何如此斷言？」我答道：「如果西洋確實文明，那麼對未開化的國家應該秉持仁慈之心，循循善誘，幫他們開啟文明教化。然而事實並非如此，他們為了自身的利益，對未開化的國家做盡殘忍之事，這就是野蠻。」對方笑道：「我無言以對，甘拜下風。」

給弱者生存的空間

一次，西鄉隆盛與朋友談到什麼是真正的「文明」時說，「文明」本是對推廣合乎道理之事的讚頌之詞，而不是強調宮殿奢華莊嚴，衣著華麗富貴，外觀華而不實。在西鄉隆盛生活的時代，日本面臨著西方大國的強勢威脅。西鄉認為以強勢欺凌弱小，不是真正的大國本色。真正的文明強盛應當「對未開化的國家秉持仁慈之心，循循善誘，幫他們開啟文明教化」。

換言之，強者對弱者要有悲憫情懷，不能恃強凌弱。強者要給弱者生存空間，因為追求雙贏、多贏才是真正的成功。這種利他思維被認定為真正成大事者所應具備的人文情懷與商業道德。

給弱者生存的空間是一種高尚的道德，適用於生活的各種方面，在現代商業競爭中，這種思想也有深厚的影響力。

二〇一二年四月，Facebook 宣布將以十億美元的天價收購圖片分享程式 Instagram，這是 Facebook 成立以來最大宗的收購交易，創辦人馬克．祖克柏表示：「我們並不打算未來進行更多此類交易，但最好的圖片分享體驗是如此多用戶熱愛 Facebook 的原因，因此 Facebook 收購 Instagram 具有重要意義。」這段話顯示出他對於競爭同業的敬重以及對於知識產權的尊重。

Instagram 從興起到被重金收購，僅有短短的十五個月，它的成功就在於簡易便捷的圖片分享，而這也正是 Facebook 起家並受到大眾歡迎的核心價值所在。祖克柏面對與自己具有同質性的競爭對手，選擇的不是簡單的抄襲、模仿，利用優勢打壓競爭對手，而是選擇重金收購並允許其繼續獨立運作；這不僅突顯了企業經營者的智慧，更是一種聰明的雙贏手法，讓旗下的產品可以更全面的涵蓋所有的使用族群，也讓兩組工作團隊可以更有效的分享彼此的成功經驗。

尊重式的併購是符合交易原則的，因為併購不是戰鬥，打完就算，併購方企業與被併購方企業不是勝者與俘虜的關係。在併購之後，雙方企業要相互整合、配合、融合，兩個企業要聯起手來一起創造更大的輝煌成績。如果非要說併購是一場戰爭，那麼戰鬥的對象不是被併購方企業，而是雙方企業聯手以後共同面對的更大的戰略目標。

在任何一個併購交易中，只有雙方共贏，這個併購才是成功的，只要有一方是輸家，這樁併購交易就不能算作成功。這即是利他心在交易中的體現。秉持利他之心，才能確保雙贏融合。在進行併購時，新的經營者能夠以利他的姿態追求雙贏的結果從而獲得人心是併購取得成功的關鍵之所在。

要贏得人心，就不能以勝利者自居，而應該抱持尊重對方、向對方學習的態度，平等交流，絕不能以強欺弱、以大壓小，凌駕於對方之上，甚至報之以輕視態度，這正是西鄉隆盛所說的強者的謙和與仁愛。

西鄉隆盛說，真正的大國文明是一種廣泛無私的博愛，是對弱勢者「本慈愛、懇說諭、啟其開明」的利他態度；反之，便是野蠻。現代社會中強者與弱者的共存，合乎西鄉的這一思想。

其實，世間並沒有絕對的強弱之分，所謂強者與弱者只是相對而言的。強者也可能轉化成弱者，弱者也許有朝一日會搖身而變為強者。**無論在生物界、還是在人與人組成的社會中，強者都需要弱者作為依託，才能生存發展。**

鯨魚算得上是海洋的強者，可它們也需要清道夫魚這樣的弱者來幫助清除口中食物的殘渣。在廣闊的世界裡，弱者與強者完全可以並存，所以強者不必自大，弱者也不必自卑。

成大事的人，從不以自身的強大彰顯自我，而是善待一切弱者，依託他們，給他們生存的空間。如此一來，弱小的人便會聚集在強者身邊。即使一個人力量有限，匯聚眾多的點滴之力，也能成就一份大事業。

強者不應以手中的權力或財力使人聽從或屈服，而應依靠自身的高尚德行和寬大胸懷處世。領導者應擁有讓人心甘情願、追隨不棄的品德，從而贏得下屬的主動配合。這一點正是讓人獲得長遠成功的秘訣，也是西鄉所提倡的強者文明。

追求互利的長尾效應

關於大國文明與弱國生存的議題，在《南洲翁遺訓》中多處涉及。今天，我們在讀西鄉的遺訓時，完全可以拋開其中政治層面的內容，而放到現實社會中來看待。比如，他對大國與弱國關係的分析，就完全適用於分析解決現代經濟活動。經濟強弱之爭有許多相通之處。

強與弱、大與小的競爭共存是任何時代的共同話題，少數與多數的合作競爭悖論也是同樣。

從少數人身上獲大利，不如從多數人身上獲小利更實惠、更長久。但這應當以共贏為原則。**強者求勝、弱者求生的時代，強大的群體以自身優勢聯合弱勢群體，或者為他們提供一個發揮的平臺，實現大蛋糕共分的良性互動，能夠更好地實現共榮共贏。**

中國的電子商務網站開拓者，阿里巴巴網站創始人兼CEO馬雲在「二〇〇四年CCTV中國經濟年度人物」頒獎典禮上，說了一句話：「一個男人的才華跟他的長相是成反比的！」這引得全場一片歡呼。正是這個自稱醜陋的男人，為亞洲的中小企業創造了一個芝麻開門的神話，成為影響亞洲經濟的人物。

一九九九年二月，馬雲受新加坡政府邀請，作為中國唯一的與會者在亞洲電子商務大會上發言。當時80%的與會者是美國人，演講者也多半是美國人。所有演講者講的都是eBay、AOL、亞馬遜和雅虎。馬雲說美國是美國，亞洲是亞洲，我們不能照搬eBay、AOL、亞馬遜和雅虎的模式，亞洲80%是中小企業，亞洲一定要有自己的模式。

當時全球網際網路所做的電子商務，基本上是為全球頂尖的大企業服務的。但馬雲生長在中小企業發達的浙江，深知中小企業的困境。例如市場上一支鋼筆訂購價是十五美元，沃爾瑪開出八美元，但是一千萬美元的訂單，供應商不得不做，可如果第二年沃爾瑪取消訂單，這個供應商的生意就斷了。而通過網際網路，小供應商就可以在全球範圍內尋找客戶。於是，馬雲毅然做出決定：「棄鯨魚而抓蝦米，放棄15%的大企業，只做85%中小企業的生意。」

選擇這種模式除了出於馬雲對亞洲中小企業的瞭解外，還有阿里巴巴自身的成長經驗的原因。對此，馬雲解釋道：「阿里巴巴異軍突起後不久，就成為在全世界B2B（企業之間的電子商務）領域裡的第一位，無論訪問量、客戶數量都是第一位的，原因很簡單，美國都是為大企業服務的，我認為要為大企業服務很難。第一，等到大企業搞清楚怎麼做的時候，往往會自己做，會把阿里巴巴這樣的企業甩了；第二，美國的電子商務都是為大企業省錢，我覺得中國要為中小企業服務，因為中國中小企業很多，最需要幫助。就像大家可以造別墅，但客戶群是有限的。當造很多公寓的時候，就有很多人願意住，所以我是造公寓，為中小企業服務的，思路就是幫助他們賺錢，讓他們通過阿里巴巴的網路發財。」

馬雲對中小企業進行了詳細調查，發現中小企業的商人頭腦精明、生命力強，非常務實。他說，中小企業才不管經營戰略的概念多麼好聽，能讓他賺更多錢的東西他就會用。如果把企業也分成富人窮人，那麼阿里巴巴就是窮人的世界。因為大企業有自己專門的資訊管道，有巨額廣告費，小企業什麼都沒有，他們才是最需要網際網路的人。

馬雲要做的事就是提供一個平臺，將全球中小企業的進出口資訊彙集起來。就這樣，一九九九年九月，馬雲的阿里巴巴網站風雲叱吒，馬雲立志成為為中小企業敲開財富之門的引路人。

探究馬雲成功的奧秘，在於他將阿里巴巴作為一個「長尾」公司進行經營。「長尾」

即是指，只要管道足夠大，非主流的、需求量小的商品銷量也能夠和主流的、需求量大的商品銷量相互匹敵。他從不被其他商家關注的中小企業和辦不起網站的「長尾」入手，將網下的集市貿易搬到了網上，早期用較低的門檻即一年一萬多元的會員費吸引小商小販上網開展網上貿易。這些處於「長尾」的小商小販通過阿里巴巴找到了更多的貿易機會與財富，「長尾」聚集在一起成就了阿里巴巴。

交易和維護成本的降低使網際網路上存在一條長長的尾巴，而這條長長的尾巴是可以有效開發的。不熱銷的東西積少成多，會產生非常高的價值，也會占據很高的市場占有率。交易的費用不斷降低，使做買賣的門檻不斷降低，於是，供給會呈現越來越明顯的多樣性，只要你稍微花點時間，任何個性化的需求都可能找到供給，這讓長尾有更高的存在價值。長尾意味著人人都可以做小生意，也意味著能把小生意聚集起來的市場是一筆大生意。

阿里巴巴的成功，在於它不靠排擠爭奪弱小團體的市場來取得自身發展，同時避開了行業巨擘的強勢。它搭建了一個共贏平臺，實現弱小者合群生存，儼然有與大團體分庭抗禮的姿態。但是有一點，這條長尾不能斷，唯有如此，他們才能發揮更大的能量。這條長尾愈是密集龐大，其生命力就越強，弱小者可以隨時調轉船頭，選擇跟進或退出，這種勃勃生機，是大團體無法具備的優勢。

互利共存的長尾效應，體現的正是利他精神。利他就是利己，不論是經濟還是人與人組成的社會，都是一個整體，牽一髮而動全身。隨著經濟的發展，利他哲學將會成為越來越多經營者和普通工作者秉持的處事法則。

第二十九則

人的智識在於愛國、忠誠和孝順，因此一個人開創事業，不能為一己之利，而要為國為民。國強民富，事業自然能成功。一個成功的企業家，要主動承擔社會責任，在促使社會進步的前提下，將事業做得更大更長久。

【遺訓】

啟人智，即開愛國忠孝之心。報國勤家之道明，百般事業隨進。或啟耳目，架電信、鋪鐵道、造蒸汽裝置器械，聳人耳目。然何故電信鐵道不可缺乎？注目者無幾。妄羨外國之盛大，不論利害得失，房屋構造及至玩物，一一仰外國，長奢侈之風，浪費財用。國力疲弊，人心流於浮薄，終無外乎本國潰也。

【釋義】

開啟人的智慧，就是要開啟人的愛國之心、忠誠之心、孝順之心。領會了盡忠報國、勤儉持家的道理，各種事業也會隨之逐漸推進。有的人為了開闊人們的眼界，又是架設電信，又是鋪設鐵路，又是製造蒸汽機械，使人們耳目一新，為之一震。然而，是什麼原因使得電信、鐵道變得不可或缺呢？關注這個問題的人寥寥無幾。說到底，這不過是世人在不考慮利害得失的情況下，盲目羨慕外國的盛大罷了。從房屋構造到玩具製造全部效仿外國，既助長了奢侈之風，也勞民傷財。這樣的後果便是，國力衰弱，民心動盪，最終家國淪喪。

承擔社會責任才是企業家

營利是發展企業的目標，但並不唯一。完全以營利為目的，是無法真正經營好一項事業的。所以西鄉說，領會了盡忠報國、勤儉持家的道理，各種事業也會隨之逐漸推進。

日本封建時代有一位著名的學者石田梅岩，他創立的「石門心學」，對商業活動的精神第一次作了闡釋，其中最重要的觀點就是「真正的商人追求共贏互利」、「逐利有道」的概念，要「堂堂正正經商」。石門心學的商業精神對後世產生深遠影響，西鄉隆盛也深受啟發。對發展商業，西鄉隆盛提出了自己的見解。

他認為真正的企業家要肩負起一定的社會責任。只有明白忠國愛家之道才是保障各項事業發展的根本，如果不符合國家實情，盲目追求商業、發展經濟，不能有益於社會人民，那只能是浪費財用，導致國力疲弊，人心浮躁，是對國家、社會、人民都無益的事。

事實上，企業的最高境界與社會責任是一致的。有人說，**企業家走向成功需要經歷三個階段，第一是創業，第二是管理成熟，第三是承擔廣義的社會責任**。

企業家精神要求的是講求信用，講求公平競爭，講究長遠利益。在這方面成功的企業有很多，而日本企業更是其中的翹楚，他們非常重視企業社會責任（Corporate Social Responsibility，CSR），不但會設立獨立的部門運作，甚至會設置相關網站，以方便活動的推廣與執行。

以日本索尼集團為例，從一九五九年開始就提供小學理科基礎教育基金，當時的主張是「為了下一代」，因此提供索尼所專擅的科學教育，以回應社會的需求；但隨著綠色意識抬頭，索尼所著重的逐漸改為節省資源、節省能源、降低化學污染三大主張，在全球投入參與環保活動。

而到了二〇一二年，雖然全球大環境不景氣，索尼仍然主張維持CSR的推動，索尼集團全球高級副總裁原直史就表示：「國際金融危機也是一個很好的機會，可以為企業降低成本、提高效率。企業在推進業務流程再造、提高CSR效率上都將更加重視。」對他們來說，CSR中的R不是『責任』（responsibility），而應該是『關係』（relationship），是企業與社會的關係；唯有勤於溝通，建構與利害關係人的信賴關係，才能為企業打好核心基礎，才會成為企業與社會良性互動的起點。

對於真正的企業家來說，賺錢只是一項技能，更多的則是擔負對社會的責任與使命。日本農政改革家二宮尊德曾說：「**沒有道德的經濟是犯罪，沒有經濟的道德是空談**。」阿里巴巴創始人馬雲也曾說：「創造錢的是生意人，有所為、有所不為的是商人，而為社會承擔責任的才是企業家。」

誠如西鄉所說，盲目貪羨外國的強大，一味追逐效仿，並不是真正為國為民。真正的企業家應當具備如下的特點：

首先，創辦企業最重要的目的不是為一己私欲，而是主動承擔社會責任，促進國家和社會經濟的進步，富國強民。

其次，企業應成為國家引進先進文明技術的先導，同時也是打開國民眼界、實現更高人生價值的平臺。

再次，推進環保。企業活動雖能促進經濟發展，但總是或多或少地透支了社會資源，所以在環保方面，企業家應該承擔更多的社會和公益責任。

最後，在國際領域代表一國的尊嚴。提升國家在國際上的地位，是企業家不容推辭的責任。

縱觀古今，石田梅岩生活的江戶時期，西鄉所處的幕府末期，以及現代商業社會，雖然屬於三個不同時期，但是它們所宣導的商業精神是如此一致。創辦企業與國家經濟、與未來息息相關，因此企業家的目的不應當僅僅是賺錢，更重要的是承擔社會責任。企業獲得的利潤固然養活了一群人，可是作為社會的一部分，商業的發展也倚重於社會的發展，因此，他們在社會這個大載體上還應承擔自己的責任和義務。

做企業不是節省成本，而是創造高價值

現代社會，大量生產、大量消費成為經濟增長的前提。市場上的新產品層出不窮，企業商家為新產品大作宣傳，促進人們消費。可以說，現代社會已經進入消費社會，甚至有人大力宣揚「消費是美德」的價值觀，也有人認為不消費就難以帶動經濟增長。而西鄉認為，在消費時代，更應該提倡節儉的美德，他說，不成體統的奢侈浪費，以致國力衰落，人心流於膚淺，離國家滅亡就不遠了。西鄉的觀點在現代社會同樣適用，無論國家發展到什麼程度，都應該「富國有德」，做一個高素質的富裕國家。

對於企業，如果一味追求利潤，而不擇手段，企業家為富不仁，企業離垮掉也就不遠了。企業生存需要賺錢，但更重要的是為社會創造價值，做一個高素質的企業。然而，如何平衡價值與利益的關係，也是一個難題。沒有高價值，客戶不會理睬；沒有低成本，企業很可能會崩盤。低成本競爭確實曾給不少企業帶來了競爭力的提高。但是低成本是競爭中很容易被模仿的要素，在勞動力低廉的現狀下，靠低成本、低價格建立的

門檻，很難阻擋新來者的加入。因此，雖然有一些靠低成本成功打入市場的例子，但我們很難找到依靠這一優勢獲得持久成功的企業。真正的企業霸主是能夠創造高價值的企業。企業立足，不僅僅靠低成本、高利潤，想要持久發展，必須創造高價值。

很多企業家在創業初始，就把服務眾人作為奮鬥的目標。譬如比爾．蓋茲在創業之初就已經把「讓千萬人都用得上電腦軟體」作為目標；又如山姆．沃爾頓發誓要建立一種既便利又廉價的商業形態，沃爾瑪成為實現他這一理想的工具；再如馬雲創業的使命就是「讓天下沒有難做的生意」……當然，光有使命感的企業仍然無法長久生存下去，必須產生財富，能創造價值的企業才得到人們的認可。

馬雲認為，如果要說創造價值和賺錢哪個重要，他會說都重要，但是一定要問哪個更重要，則創造價值更為重要。如果創造了價值卻沒賺錢，這個價值根本不是價值。如果創造了這個價值結果沒人願意付錢，這是垃圾，企業不是在創造價值，而是在創造垃圾。

雅虎中國總裁曾鳴曾用「大捨大得」來概括阿里巴巴的戰略選擇，他認為馬雲為了使阿里巴巴成為世界上最好的電子商務平臺，一直「捨得」讓新成立的業務處於戰略虧損狀態。放棄暫時的利潤，旨在創造社會價值的理念，讓馬雲把握住了網際網路的命脈。正是基於對電子商務的堅定信念，阿里巴巴成為世界十大網站之一。

完全以利潤為目標經營企業是錯誤的。做企業既不能指望偶然的機遇，也不能完全靠利潤來支撐，新企業只有多考慮未來的長遠發展，為社會創造高價值，才能逐漸變強變大。

西鄉一生對源源不斷地湧入日本的歐美新技術始終以冷靜的態度對待，他不會因為外界的變化而改變自己的信念和價值觀。做人和做企業是相通的，市場瞬息萬變，可能有一些看起來無價值的產品會贏得人們的喜愛，從而為企業贏得高收益。這些產品為企業贏得了短時間的利益，卻會使企業失去信譽，沒有信譽，企業也就無法生存。無論怎樣，創造高價值都應成為企業的發展宗旨。

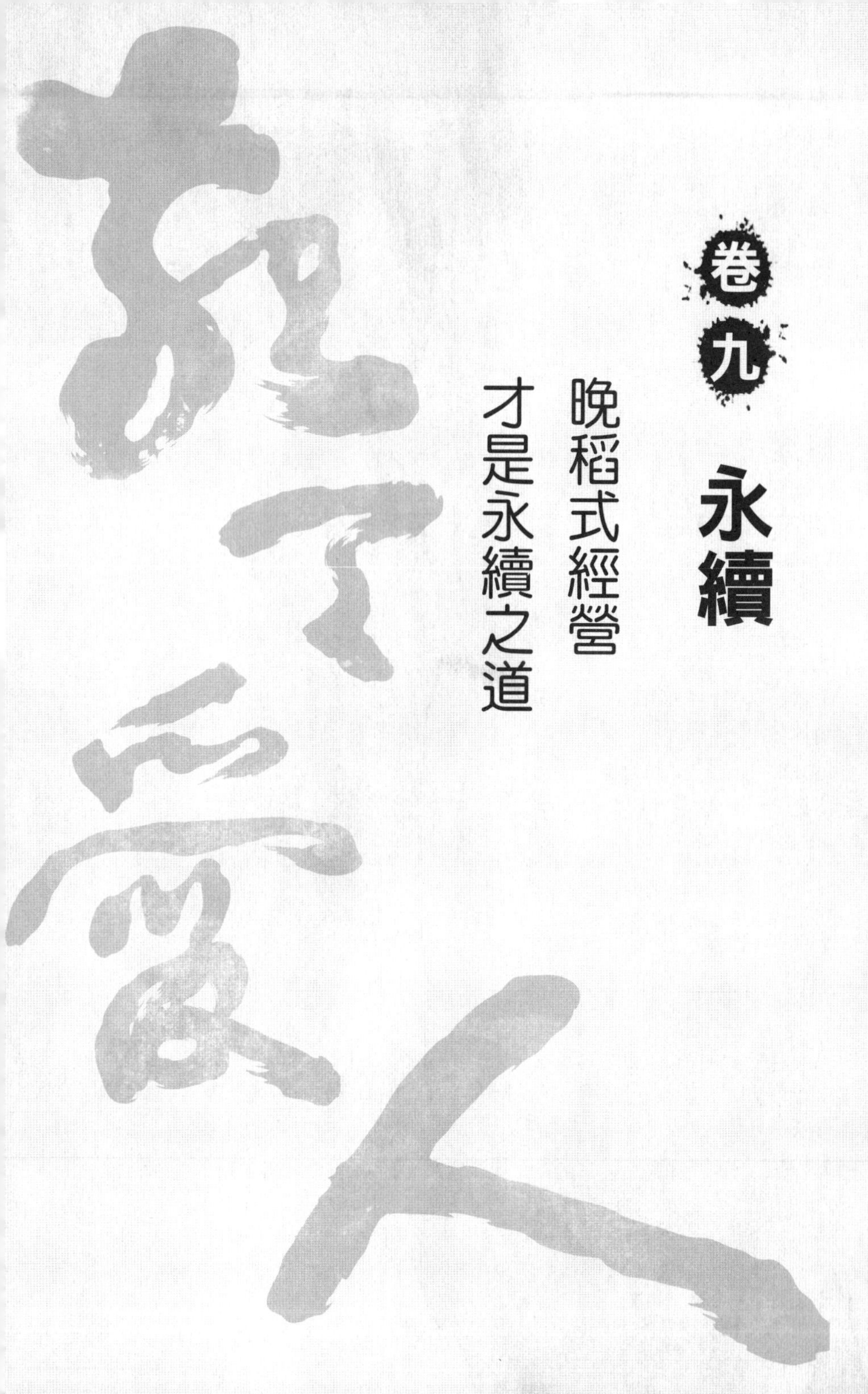

卷九 永續

晚稻式經營才是永續之道

第三十則

增強軍事實力，並不是看有多少兵，而是看有多少精兵。在軍備充足的情況下，盲目擴張是急功近利的行為。就如同經營企業，有效的擴張可以造就企業梟雄，沒有節制的擴張則是一場浩劫的開始。

【遺訓】

常備兵數，亦由會計所限，決不可張虛勢。鼓士氣練精兵，縱兵數寡，折衝禦侮皆足也。

【釋義】

國防軍事實力，也應在國家財政力所能及的範圍內安排，切不可盲目地擴張軍備、虛張聲勢。鼓舞了軍心，振奮了士氣，優化了將兵，縱然在戰事時，兵數相對較少，但抵禦外辱，衝鋒陷陣，是綽綽有餘的。

與其盲目擴張，不如明智堅守

經營企業，也像早稻與晚稻一樣，既有早熟，很快就嶄露頭角的企業，也有晚熟、大器晚成的企業。晚稻式企業一開始落後，但發展到一定階段後奮起直追，甚至遠遠超過早稻式企業。晚稻式經營即厚積薄發、奮起直追。當今日本商界領袖人物稻盛和夫先生曾說：「哪怕中止目前的經濟增長，也要考慮人類的永續發展。」

永續發展包括三個方面：

第一，是企業的持久經營，並在此基礎上實現發展。

第二，為謀求人的幸福永續，不以企業的利益犧牲員工，應追求人與企業的融合共進。

第三，符合社會乃至人類的共同進步，是企業人的社會責任與使命。

西鄉隆盛說，勝利不在於有多少士兵，而在於有多少精兵，與其擴大兵數虛張聲勢，不如操練精兵。企業的發展也是一樣的道理，要想讓企業得到永續發展就絕不能盲目擴張，與其不停轉戰不同的經營領域，不如踏踏實實在擅長的領域中做得精深。

伊那食品工業在日本創下了連續四十八年運營總額增長兼利潤增長的驕人成績。最令人驚奇的是，伊那生產製造的並非高新科技產品，而是被視為夕陽產業的寒天食品，寒天的加工原料是一種名叫「天草」的海藻，是經過煮溶凝固以及複合其他食品原料加工製成的商品。因為市場前景並不看好，所以許多從事該產業的商家選擇退出轉向其他領域，或者減少投資淡化運營。日本工業統計表顯示，整個寒天食品製造業正處於萎縮下滑趨勢。

在這種情況下，伊那食品卻連續四十八年實現增長，其奧秘就在於它穩健清醒的經營理念。伊那並沒有被「傳統產業在時代變遷中趨於末路」的觀點嚇退，相反，他們堅守行業，同時不斷投入資金研究開發新的寒天產品，如今除了食品領域，伊那的寒天產品已經涉足醫療、美容甚至醫學細胞培養等領域，不斷賦予寒天新的商品價值。這就足以證明他們深遠的發展眼光。與其隨大流湧入新興行業成為一個半成品，不如踏踏實實經營好自己，在本領域內實現開拓發展，這是伊那始終堅持的信念。

伊那的成功，並沒有被說成是保守，相反人們將之理解成明智的堅守，不僅如此，在規模經營和發展速度上，伊那也堅持「不慕勉強成長」的理念。如今伊那製造的寒天產品多達幾百個種類，但他們並不盲目向大型超市鋪貨行銷（儘管那樣會帶來可觀的利潤）而是堅持研發製造——銷售推廣一體的經營模式。按照伊那的解釋，只有這樣才能把製造者的創造喜悅直接傳達給顧客。

單從規模和營利上看，伊那的發展是緩慢的，然而擁有四十八年連續增收增益的紀錄，是無法被忽視的事實。

伊那食品工業的經營方式值得許多追求規模、盲目推崇多元化發展的企業借鑒。二十世紀八〇年代的一些日本企業家，看到同時涉足多個領域而獲得成功的經營案例，就盲目地認為多元化是企業成功之道，於是在沒有制定切實可行的發展戰略情況下，就輕率擴張，踏足本沒有能力經營的領域，結果陷入資金泥沼無法自拔。

徒有規模，並不能帶來效益。正如西鄉所說「常備兵數，亦由會計所限，決不可張虛勢」，發展遵循的應當是穩中求進，進中求穩，與其做個半成品，不如做好半個成品。在不切實際的目標指引下，「張虛勢」，盲目追求規模和開拓新領域是危險的。

向上看，不忘自己限度

德川家康曾經這樣教育自己年輕的家臣：「我有兩句令你們安身立命的要訣，分別是三字和六字，你們想聽哪一個？」

家臣們回答：「都想要知道。」

「三字是〈向上看〉，六字是〈不忘自己限度〉，你們可不能忘了這句話。」

這些話看似平常，實則大有深意。「向上看」是無限的，但是，如果「忘了自己的限度」，只是一味向上攀爬或者自我膨脹，就會漸漸失去腳踏實地的精神，大志變成野心，如果再為此不擇手段，就會犯下錯誤，更是得不償失。

西鄉隆盛曾強調說擴軍強國需在國家財政能力所及的範圍內，絕不可「張虛勢」；

只要「鼓士氣練精兵」，即便人多我寡，也足以「折衝禦侮」。他的這一見解絕不僅僅限於軍政範疇，也十分契合當代企業永續發展的要求。

目前，很多企業過於關注宏偉的規劃藍圖，這種先定戰略後求戰術的思維，很可能導致企業為實現戰略目標而盲目擴張，進入太多並無「戰術」的領域。有些企業家對利潤的追逐、對財富的渴望、對成功的期盼毫無節制、沒有止境，無疑會陷入規模泥沼。

威廉．格蘭特算得上美國商業史上的「少年英雄」，他白手起家創立的格蘭特公司，由小本經營起步，發展成為美國屈指可數的大企業。威廉．格蘭特生於一八七六年，十九歲時就顯示出自己過人的經營才華，當時他掌管波士頓公司的一家鞋店。

一九〇六年，格蘭特拿出自己的全部資金在林思市投資一萬美元開設了第一家日用品零售店。兩年後，他在美國其他城市開設了格蘭特連鎖店。到二十世紀六〇年代，格蘭特的年銷售收入近十億美元，躋身美國知名大企業行列。值得一提的是，格蘭特公司定價策略的運用，是其成功的重要因素。在零售業競爭十分激烈的情況下，格蘭特認真研究後，將其經營的日用品價格定位在二十五美分，高於「五美分店」和「十美分店」，但低於普通百貨公司的價格，而格蘭特公司的陳設格局又比前者檔次高。這一價格定位同時吸引了百貨公司和廉價商店的顧客。

但是後來的盲目擴張使格蘭特公司走上了沒落之路。格蘭特公司不斷發展連鎖店，到一九七二年，公司新開辦的商店數量已經是一九六四年的兩倍，其利潤卻沒有隨著規模的增長而增長。到一九七三年十一月，格蘭特公司的利潤只有3.7％，該年格蘭特全年營業額達十八億美元，利潤卻只有可憐的八千四百萬美元，創該公司歷史新低。

讓人遺憾的是，格蘭特並沒有因此放慢擴張的速度。一九七四年，格蘭特公司的連鎖店猛增到八萬兩千五百家，是十年前的一千多倍。與此同時，它的總債務也節節攀升，在一百四十三家銀行的債務累計達七億美元，公司信譽急劇下降。一九七五年十月，格蘭特公司不得不申請破產，使八萬員工丟了飯碗，成為美國歷史上第二大破產公司，也是美國零售行業中最大的破產公司。

格蘭特的破產不免讓人惋惜，同時也引發現代企業深入省察。在企業取得一定成績、被鮮花和掌聲包圍後，很多企業經營者都開始沾沾自喜、得意洋洋，這個時候就很容易犯急功近利的錯誤。只有做到成功得意而不忘形，遇挫臨危而不慌亂，才能帶領企業長盛不衰。

企業的經營者為了避免盲目擴張，在決策時應該深思以下問題：**企業何去何從？資金的儲備能支撐企業走多遠？人力資源能否跟上？市場的容量有多大？競爭對手的競爭策略如何？公司現在的營利能力和生命力怎樣？投資人的承受能力如何？管理方面有無經驗？**

如果以上諸多因素都對企業有利，才能考慮擴大規模，否則，盲目擴張只會給企業帶來巨大的損失。

第三十一則

廣通聲氣、博採眾長是一種良好的學習態度，但是一味效仿就只會起到反作用，不但不能救其衰危，反而會受之鉗制。經營企業亦是如此，不能盲目模仿，要從自身實際出發，酌情效仿。

【遺訓】

廣采各國制度以進開明，先知吾國之本體，振風教，後徐酌彼之長。否則任仿效，國體衰頹，風教委靡，匡然無救，終為彼制。

【釋義】

為了使國政澄明，想廣泛地引進其他國家的先進制度，必須先對本國的真實情況了然於心，致力於振興風俗教化，然後才可以循序漸進地吸收各國的先進制度。否則，不顧本國國情，盲目模仿，會導致國家衰危，國勢頹唐，風俗教化委靡不振，到時縱然挽救也是徒勞，最終被外國同化而受其鉗制。

先做老二，再做贏家

西鄉隆盛有一個政治觀點是，要瞭解本國實際的基礎上，廣泛吸收其他各國的先進制度。他的這一觀點可以引申到企業經營方面，以西鄉的觀點來說，企業在模仿還是創新的問題上應依循「先做老二，再做贏家」的發展道路。

十八世紀中期，日本的將軍們逐漸奉行鎖國政策，不與西方國家進行貿易往來，甚至一度以戰爭的形式拒絕和打擊靠近日本海岸的外國船隻。這種政策自然越來越引起美國、英國、俄國等國家的不滿。隨著荷蘭在東亞的勢力不斷削弱，歐美國家的貿易要求顯出咄咄逼人的態勢，日本幕府面臨著巨大的壓力。十九世紀以後，中英鴉片戰爭使得日本幕府的一些政要和具有遠見的日本學者逐漸意識到閉關的不妥，他們開始提出日本需要借用歐洲人的先進技術和強大武器來武裝自己，唯有如此，才能使日本澈底地從西方人勢焰漸盛的威脅中解脫出來。

在這期間日本出現了許多興國圖強的思想主張，其中較有代表性的便是由思想家福澤諭吉提出的「和魂洋才」。顧名思義，「和魂」指大和民族的精神，而「洋才」便是指西洋的科技。和魂洋才，鼓勵日本國民學習西方文化，同時保留日本傳統文化，這主要體現在社會和軍事上。如社會方面，有很多學者都學習西方文化，梳西式髮型，但在服裝上仍堅持穿著日本傳統服飾。軍事方面，日本軍進行西式軍事訓練，但裝備仍然保留武士配刀。「和魂洋才」是對明治時代以來「西洋文化優越，日本文化落後」論點的反駁。

西鄉隆盛有感於當時形勢，對開眼看世界並效法西方持十分贊同的態度，但他又強調說，要想「廣采各國制度以進開明」，首先要「知吾國之本體，振風教，後徐酌彼之長」，意思就是要先瞭解本國國情，在學習別人的同時更要保持自我，然後逐漸超越，這樣才能實現真正的自強自立。否則，一味仿效他國，只會導致「國體衰頹，風教委靡」，最終使自己陷入被動同化受制於人的境地。

這其中也蘊涵著現代企業的經營智慧，即經營者要善於廣採他人之長，在謀定立足之後，再轉而追求自我的發展，即「先做老二，後做贏家」，先依附他人生存下來，等到有了足夠的資本再堅持走自己的道路，贏得長足的發展。

跟隨別人的步調，縱然能帶來輝煌的業績，但那是二手經營，只能做「老二」，而非真正的經營，這樣最終將導致企業陷入窘境。所以，企業求存起初可以從模仿開始，但最終目的是「穿別人的鞋走出自己的路」。

韓國的三星，這家從二〇一二第一季開始成為全球手機銷量冠軍的企業，正是「模仿仿出一片天」的最佳實例。

一九八〇年代初期，三星創辦人李秉哲向韓國政府建議投入半導體事業；此舉在當時曾引來眾人的嘲笑，甚至有名人預言：「我看不超過三年一定會失敗。」那時在水原市的三星廠房則被形容成「一棟廢棄破舊的高中科學教室」。但這廠房其實暗藏玄機，因為這是參照日本三重縣龜山市的夏普電視液晶面板龜山工廠所設計的。而且不只是工廠，當時的三星更蒐集全球主要彩色電視機廠牌：RCA、GE和日立等，以這些電視機為原型，設計出自己的產品；此外，它更模仿日本企業，開始建造「垂直整合模式」，而且做的更為澈底，將代工與品牌的獲利都發揮到極致。

短短三十年間，三星模仿日本，超越日本，就如華碩董事長施崇棠所說：「三星擅長模仿別人，再把對方宰掉。」二〇〇二年時，三星的市值就已然超越日本索尼，而到了現在，更有將近二十種產品的市佔率成為「世界第一」。

穿別人的鞋走路，這一策略與西鄉隆盛「廣采各國制度以進開明」的思想是相似的。在企業發展初期，「穿別人的鞋」是一條明智而簡潔的路，但這並非企業常青之道，因為它充其量只是穿了別人的鞋在走路，而永續發展要求企業不僅要穿別人的鞋，更要走出自己的路，要在原有領域內有所突破。才可以實現從行業「老二」變成贏家的轉變。

要做出自己的品牌

在日本東京歷史悠久的上野公園，遊人進門第一眼看到的是西鄉隆盛全身銅像。這座銅像自一八九八年起便矗立於此，百年來接受過無數到此遊覽的日本國民的敬仰。作為西南之戰的叛亂首領，西鄉在死後依然受到如此的尊崇，多少令人費解。其實，在日本人眼中，西鄉之盛名與成敗無關，他早已成為一種高貴人格的象徵。

西鄉隆盛成為島津齊彬的親信後，逐漸在政界嶄露頭角，最終成為一個標誌性領袖人物，憑藉的就是他忠信的品格、敏銳的政治眼光和果斷的決斷能力。

西南之戰，起義學生唯西鄉馬首是瞻。他不容懷疑的號召力之來源便是他強大的領導能力與個人魅力。也因為如此，西鄉在脫離政治、退居薩摩藩之後，依舊擁有如此高的聲望，當地被他征服的薩摩武士也對西鄉崇拜有加，尊他為薩摩的精神領袖。

西鄉隆盛用他一生的經歷凝結了強大的精神力量。他的精神被稻盛和夫等企業家運用到商海競爭中，顯露出熠熠光輝。

高貴的精神力量就是一種品牌象徵，它具有強大的影響力和吸引力，能夠成就一個人，也可以成就一個企業。一個企業要保證自身長久發展，必須形成自己的獨特品牌。

杉山水果本是日本一家名不見經傳的小型水果零售店，因為其獨特的經營手法和水果的高品質，在創立的幾十年間成為日本果蔬店中長盛不衰的案例。但是，躋身現代市場，杉山也不能避免同行業的模仿式競爭。因而，杉山老闆不斷嘗試各種充滿新意的經銷策略。其中最令人稱道的是他們自製的新鮮果凍：用當天採摘的成熟新鮮的水果加工，花樣百出，有草莓果凍、芒果果凍等，原料不同，做法也各異，每種又分出不同花樣。因為果凍是人工製作，店裡人手不多，所以每天不過才兩三百個的生產量。但是無論做出多少，都是銷售一罄。

附近幾家大超市因此對杉山果凍產生了極大的興趣，但是面對大宗高利潤的訂單，杉山老闆一一謝絕。因為新鮮果凍必須保證水果的絕對新鮮美味，和細緻的手製程序，而這些都是大批量產不能實現的。

杉山的成功在於其精準的品牌戰略。嚴格控制商品品質，「向顧客提供最新鮮的水果」是杉山水果店一直以來的經營信念。在現任老闆阿清接管杉山的十幾年間，該店始終如一地保持著這樣的努力。許多顧客在家中以杉山水果招待客人時，不會僅僅說「請吃水果」，而是會說：「這是杉山的水果，請品嘗一下。」

顯然，杉山水果已經成為新鮮水果的代稱，而它所採用的這種零售店兼製造業的行銷模式也稱得上是品牌戰略的延伸。由此可見，規模小並不會成為永續發展的障礙，打造出自己獨有的品牌內涵，即便市場並不景氣，也可以永續發展。

此外，品牌戰略不僅表現在跟隨市場樹立品牌意識上，更包含著一種鍥而不捨的堅守精神。品牌戰略要求企業耐得住寂寞，一方面要投入鉅資潛心進行技術開發、保持品質；另一方面還要付出很大精力經營誠信，而這些在短時間內都很難看到效益。但從長遠來看，這種做法是非常值得的，只有先「振風教」，後「徐酌彼之長」，才能形成品牌，並最終為企業帶來效益。

創新才能活下去

西鄉隆盛所處的時代，正值日本幕府統治末期，國內矛盾尖銳，在內憂外患中，西鄉提出，「廣采各國制度以進開明，先知吾國之本體，振風教，後徐酌彼之長」的主張，以求整個國家強大起來。

西鄉的思想中洋溢著鮮明的吐故納新的革命氣息。他知道，要救亡圖存唯有推翻幕府，為日本注入西方文化科技，而歷史證明，其思考是明智的。

求新求變的圖存之法對於現代企業求生存圖發展也同樣適用。日本的林原健先生認為，獨創式經營才能在市場占據絕對優勢地位，與其跟在別人後面亦步亦趨分杯羹，不如開拓獨一無二的領域。

而為了貫徹這一經營思路，林原健先生給予研究人員以獨立研發的特權，告訴他們可以「大膽妄為」，而要求只有一條，那就是創造出獨一無二、具有實用性的新產品。而更為稱奇的是，林原先生還有一個著名的「玩具箱」，這是他個人藉以收存各種新奇研究發明的地方，隨時儲備隨時提供創意。

企業如何才能不死，如何才能在商場競爭中不四處受敵，如何成為真正的贏家，這些問題困擾著許多人。林原健提出了他的答案，即**在保持危機感的同時，更要注重創新**。自己成為唯一就無須樹敵，成為唯一就可以避免被捲入價格戰，成為唯一就可以在蕭條危難中保存一脈生機。

從永續經營的思路來看，成為唯一就是走創新的路子。「不創新，就滅亡」，不僅林原集團將這句話奉為圭臬，福特汽車也是靠著這樣的創新精神屢次挽救頹勢、獲得新機。

一九〇八年福特汽車公司生產出世界上第一輛屬於老百姓的汽車——T型車。一九一三年，福特汽車公司又開發出世界上第一條生產線，這一創舉使T型車一共達到一千五百萬輛，締造了一個世界紀錄。

這種創新的生產方式使汽車成為一種大眾產品，對現代社會產生極大的影響。

二十世紀二〇年代，美國進入大眾化富裕時代，當時的美國人更需要的是速度、造型、環保以及個性，需求越來越多元化。但固執的福特堅持生產顏色單調，耗油量大，排氣量大的T型車，完全不符合日益緊張的石油供應市場和日趨嚴重的環境保護狀況。

小福特建議老福特推出豪華型轎車，卻不為採納，老福特甚至親自用斧頭劈毀了兒子的新車型。而通用汽車和其他幾家公司則緊扣市場需求，制定符合市場需求的戰略規劃，生產節能低耗、小型輕便的汽車。在二十世紀七〇年代的石油危機中，通用汽車躍居上位，福特汽車卻瀕臨破產。

老福特這才意識到自己的錯誤，轉而根據小福特的意見推出豪華型轎車。但是先機已失，老福特感慨地總結說：「不創新，就滅亡。」

在福特公司發展的歷程中，不難看出老福特是一個勇於創新的人，他具有敏銳的創新思維，然而，後期的教條化和不創新讓福特公司險些破產，不創新，就滅亡。需要注意的是，這種創新並非憑空想像，而是建立在大量的市場調查分析，甚至包括向同行、對手學習經驗的基礎上的。這是西鄉反覆強調的「廣采」各家以求超越，也是弱勢者求生求強的途徑。

做企業，活下去是永遠的主題。很多管理者認為，當企業經歷過創業時期的艱辛，產品打開市場，企業的基本主題就可以由「活下去」改成「穩定發展」，甚至「加速發展」。而事實是，有無數企業都是在如日中天的時候轉瞬消亡的。

管理者要努力為企業尋找一條常青不敗發展道路，以獨一無二的產品或者創意的運營模式來確立自己的行業地位。

第三十二則

俗語說：「聰明反被聰明誤。」要小聰明誤的往往是自己。做人要真誠，做企業也要以真誠為本。擁有真誠的服務，才能在眾多企業中樹立品牌，從而帶來更長遠的發展。

【遺訓】

平日勿施計。以計行事，其跡不善視之判然，必悔也。惟臨戰不可無計。倘平日用計，臨戰則計難出也。孔明平日不施計，方能行奇計。予自東京歸撤時嘗與弟云：「迄今未曾用計，後亦無劣跡，此言可見。」

【釋義】

平常最好不要想著用計。按照計謀辦事，看到事情沒有依計發展時，一定會追悔莫及。然而面臨戰事時，計謀卻是不可或缺的。如果平日常以計行事，兵臨城下時反而會無計可施。諸葛孔明正是因為平日不依賴計謀，才能確保妙計在需要時層出不窮。我從東京撤回時，曾經對弟弟說：「我迄今為止不曾用過一點計謀，以後也不會有用計謀的劣跡，這點你可是親眼所見。」

以誠為本的經營利器

西鄉隆盛對自己的操守品格十分自信，所以他敢坦然地說：「迄今為止不曾用過一點計謀，以後也不會有用計謀的劣跡。」推崇西鄉精神的日本企業家稻盛和夫先生也秉持著這種真誠，並將這種精神貫徹到了企業經營中。

稻盛和夫說：「**企業核心競爭力的增強，必須使誠信成為企業的核心價值觀，以最優異的真誠服務作為自己的經營利器。**」市場經濟的競爭，不僅僅是產品的競爭，更是信譽及服務的競爭，是經營道德的競爭。企業要增強競爭能力，確保自身在市場的大潮中站穩腳跟，就必須將講求誠信、真誠服務當做一種責任。

真誠的服務是企業的無形資產、稀有資源，要想獲得企業的成功就應以最優異的真誠服務作為自己的經營利器。不管是百年老店還是世界五百大企業，能長盛不衰靠的就是誠信經營。

所謂老老實實做人，本本分分經商，真誠優良的口碑不是靠宣傳，而是靠行動，靠信譽形成的。只有堅持真誠務實、本分經營，企業才能越做越大，道路才能越走越寬，才能屹立在世界企業之巔。

某一天，美國亨利食品加工工業公司總經理亨利．霍金士突然從化驗室的報告單上發現：他們生產食品的配方中，起保鮮作用的添加劑有毒，這種毒的毒性並不大，但長期食用就對身體有害。可如果食品中不用添加劑，又會影響食品的鮮度，對公司將是一大損失。

亨利．霍金士陷入了兩難的境地，最終，他認為應以誠待顧客，儘管自己可能面對各種難以預料的後果，但他毅然將這一有損銷量的事情向社會公佈，說防腐劑有毒，長期食用會對身體有害。

消息一公佈就激起了巨浪，霍金士面臨著相當大的壓力。他自己公司的食品銷路銳減，而且所有從事食品加工的老闆也都聯合了起來，用一切手段向他施加壓力，指責他的行為是別有用心，是為一己之私利。在自己的產品銷量銳減又面臨外界抵制的困境下，亨利公司一下子瀕臨倒閉。在苦苦掙扎了四年之後，亨利．霍金士的公司已經危在旦夕了，但他本人家喻戶曉。

最後，政府站出來支持霍金士。有了政府的支持，加之亨利公司誠實經營的良好口碑，亨利公司的產品又成了人們放心滿意的熱門商品。亨利公司在很短時間裡便恢復了元氣，而且規模擴大了兩倍。亨利．霍金士一舉也登上了美國食品加工業第一的寶座。

種種成功事例，都讓我們意識到，只有以真誠本分作為不變的經營理念，實實在在用心去做，站在顧客的立場和角度去考慮問題，企業才能立於不敗之地，才能與其他企業、與客戶都會成為相互信賴的朋友式的合作關係。

秉持真誠本分的經營理念，無異於掌握了一件溝通人際關係的法寶，使人解除心靈上的戒備，拉近企業與客戶的關係。當然這種真誠絕不是一種敷衍，企業要讓客戶切實地感受到真誠，就像西鄉一生都在做的那樣：平生不用詭計，不務虛浮。用最真誠的方式經營合作，往往是最有效和持久的利器。

那麼，誠信該如何樹立呢？

做不了的事情不輕易承諾，答應了就要做到。

不喊虛的口號。

停止一切「不道德」的手段。

耍弄「小聰明」是走向「不誠信」的必經之路。

產品或服務的誠信代價就是品牌的成本。

不空不浮地做事業

孔子曰：「放於利而行，多怨。」人若只向利益看，則必定招致禍患和怨恨。儒家對於「利」並不完全排斥，孔子的弟子子貢就是很出色的商人。但是，君子愛財取之有道，不符合道義的富貴是絕不能貪戀的。如果事事以利為目標，甚至詭詐行商，最後定會招致怨憤，反害己身。西鄉所說的「以計行事，其跡不善視之判然，必悔也」，也正體現了這個道理。

經商以求利固然無可厚非，但應有其道。對於企業而言，為了利益不擇手段，等於飲鴆止渴。在這點上，世界連鎖企業沃爾瑪就有深刻的認識。

沃爾瑪是山姆．沃爾頓一手創建起來的，三十年來他都親自管理沃爾瑪的大小事情。他用自己的原則、風格、理念管理沃爾瑪，最終創造了美國零售業的最大奇蹟，並且成為美國零售業最富有特色的公司。

山姆．沃爾頓為沃爾瑪傾注了一生的心血。在沃爾瑪剛成規模的時候，他每天都是凌晨起來工作，直到深夜；他堅持親自查看每個分店的行銷和管理情況；遇到週末開會，他都會提前好幾個小時到辦公室準備相關的材料和文件。後來沃爾瑪的規模擴大了，雖然山姆．沃爾頓不可能再跑遍每個分店了，但他還是盡可能地多跑，不論哪家分店的經理和員工他都很熟悉。

山姆．沃爾頓這種實實在在的企業經營作風，正是沃爾瑪集團取得輝煌成就的原因。

「穩勝求實，少用奇謀」是古人多年經驗的總結，經營企業也是如此。企業生存的根本是基礎實力，企業經營者要有長遠策略，一個階段一個階段地發展，貪多嚼不爛，用不光明的手段牟利是急功近利的行為。

經商就如煮粥，放一把餿米進去充當肉羹，貽害的不只是同行與買粥喝的人，也是煮粥人自己。

兵法雖云「兵不厭詐」，但「惟臨戰不可無計」，只有在戰事吃緊時，詭詐計策才是被提倡的，其他領域亂用詭計往往害人害己，經商更是如此。在利欲誘惑面前，千萬要守住企業的誠信根本，否則「必悔也」。

第三十三則

一個能舉賢博議的人，如果做事沒有原則，不懂取捨之道，那麼他註定是無所作為的。因為決策的不明確，常常是管理者的重大失敗。決策不明是企業發展的阻礙，沒有完善的決策體制，企業也就失去了發展保障。

【遺訓】

賢人匯集百官，若不將政權歸於一途，不將國體定於一格，縱納人才、開言路、采眾議，亦無所取捨，事業駁雜難成也。朝令夕改，皆統轄無所、施政方針不定所致也。

【釋義】

賢德之人齊聚，如果沒有統一的政策方針，就沒有統一的國家體制，那麼縱然有招賢納士、廣開言路、博採眾議的賢德，也不能按一定標準做出取捨，那麼事業就會頭緒紛雜，成功無望。政策朝令夕改、沒有定數，都是由於分工不明確，政令不穩定所致。

不是人力配合程序，而是程序匯合人力

「天時不如地利，地利不如人和。」人們將天時、地利、人和三者視為成事的三項重要因素，三者之中又以人和最為重要。千百年來，這個觀點影響了許多人，也被諸多事實證明是一條不變的真理。西鄉早年研究儒學經典，極重視天時地利人和的關係。他說，人是一切事務的先決要素，但只強調人的重要性，而沒有相應的體制程序保障，群體很容易淪為一盤散沙。作為有意招納文武賢才的管理者，若沒有統一的政策方針和體制保障，縱然他能夠招賢納士、廣開言路、博採眾議，也不能按一定標準做出取捨，那麼他的事業就會頭緒紛雜，成功無望。

西鄉所談的是治國之道，但是對於企業經營也適用。人和因素強調人的重要性和眾多因素的協調合作。作為最高領導者，可能很優秀，但一個人的影響力有限，所以要實現「人和」，必須有完善的制度來保障。大到一國，小到一個企業、團隊，都是同樣的道理。

餐館連鎖店運營商ＩＨＯＰ曾因為其烤薄餅的美味而深受消費者青睞。到了二十世紀九〇年代，ＩＨＯＰ的經營似乎已經不受控制，與其說它是個餐館運營商，不如說它是一家房地產開發企業，因為它發展了很多新的店鋪出售，自己只經營其中的10％。當斯圖爾特於二〇〇一年十二月成為該公司的ＣＥＯ時，她發現公司已經出現分化，更為

嚴重的是組織非常渙散。曾經強大的ＩＨＯＰ品牌已經失去了意義，特許經銷商也將每家餐廳作為獨立的企業進行經營，所以各家餐廳的特點、服務、效率和品質都不相同。由於公司獲利甚少，最大的股東甚至希望將錢收回，還給投資者。

斯圖爾特決定不僅要恢復ＩＨＯＰ作為全國性品牌的榮耀，還提出了企業的共同願景：將ＩＨＯＰ發展成最棒的家庭式連鎖餐廳。

斯圖爾特明白，欲實現此願景，自己的首要任務是重新建立一套品牌公司的運營程序和管理制度。公司管理層負責制定標準，並督促其執行。最為重要的是，公司內的每個人都需要獲得支援，以提供最佳的顧客體驗。

斯圖爾特如何完成她的計畫呢？第一年，她將大部分的時間用於傾聽員工和特許加盟商的聲音，同時進行更廣泛的顧客調查；再根據員工和顧客的建議，修改和完善公司管理制度。她實施了一個培訓專案，其焦點集中在ＩＨＯＰ的品牌優勢、服務宗旨和確認每位元員工在整個企業中擔當的角色上。她的努力得到了回報，二〇〇三年年末，ＩＨＯＰ的銷售額提升近5％，這是公司近十年來的最好業績。

斯圖爾特通過分享願景、重申經營宗旨、聚集人力使每位員工聚焦於企業的品牌重建上，打造發展戰略，無疑這是最為關鍵的要素。

西鄉所說的「歸一途，定一格」，就是要將一切事務納入一個統一有效的管理體制下，如果不這樣，就會導致「事業駁雜難成」，無論怎麼大膽地廣開言路、招攬人才，也都會因為不能很好地貫徹協調，而最終無法實現「人和」。

不是人力配合程序，而是程序匯合人力。**人才多少不是關鍵，將人才以某特定方式組織在一起，為共同的願景而合作奮進才是重點**。否則，人才多了意見紛雜無法協調，反而會阻礙事業發展。

堅守核心，從一而終

導致德川幕府末期統治混亂、官吏腐朽的關鍵因素是政府政策不統一、體制不健全，同時各級政府和官員職能混亂，導致人浮於事，政務無人管理、朝令夕改，下級官員得不到及時有效的政令。西鄉認為，沒有統一有效的核心，是德川幕府走向失敗的重要原因。

有很多因素可以促成一個企業的成功，有些可能帶有偶然、幸運或者冒險的色彩。但企業成功後的保持並擴大成功，就需要堅守核心業務，從一而終。一項調查發現，一九八三年初名列《財星》世界五百大排行榜的公司，有三分之一已經銷聲匿跡。這就是說，大型企業平均壽限不到四十年，約為人類壽命的一半。

企業能否持續地發展，關鍵在於企業有沒有明確的核心業務。

所謂核心業務，就是企業在長期經營中所形成的，獨特的、動態的能力資源，支援著企業現在及未來在市場中保持可持續競爭優勢的發展。我們可以通過手錶效應看出堅守核心業務，從一而終的重要性。

手錶效應是指一個人有一隻錶時，可以知道確切的時間，而當他同時擁有兩隻錶時反而無法確定時間。面對這種困境，你要做的就是選擇其中一隻，盡力校準它，並以此作為標準行事。

手錶效應在企業經營管理方面給我們非常重要的啟發，對同一個組織的管理不能同時採用兩種不同的方法，不能在企業內同時設置兩個不同的目標，否則將使企業及其員工無所適從。優秀的企業在進行經營戰略和領域的選擇時，大多數都首先確定自己的核心主營業務，只投資在一個行業，並在這個行業裡逐步培養起自身的核心競爭力，然後以此為基礎再逐步考慮多元化經營，而不是朝秦暮楚，輕率地變動主營方向。堅守核心業務不動搖的顯著成效可以從ＱＳＡＰ公司經驗中得到驗證。

在企業管理軟體市場，ＱＳＡＰ曾是一家呼風喚雨的公司，但是隨著市場競爭的激烈，尤其是同類公司的不斷出現，ＱＳＡＰ拓展市場的難度越來越大，對這個軟體大亨來說，這顯然不是好消息。事實上，二〇〇九年，ＱＳＡＰ公司的總營業額就比上年下滑了8%，而傳統業務，軟體授權收入則下滑了近28%。

在如此艱難的情況下，如何讓公司走出困境呢？ＱＳＡＰ找到了一條適合自己的道路，那就是堅守核心業務。絕不放棄軟體業務，尤其是商務軟體業務，這是該公司的底線。現在市場上雖然有很多軟體公司，但是這些公司往往四面出擊，將戰線拉得過長，雖然短時間內可能獲益，但是長此以往，很難保證始終贏利。

QSAP公司則始終抓住自己的特長，並努力鞏固自己在商務軟體行業的領導地位，經過一年左右的調整，QSAP公司很快擺脫了業績下滑的困境。

企業是一種或幾種核心能力的組合，但企業的核心能力最終仍需通過核心產品及其組合，也就是企業的核心業務表現出來。

企業好比一棵大樹，核心能力就是樹幹，核心業務便是果實。枝葉可以修剪變化，但是樹幹不能撼動。就像西鄉隆盛說的那樣，「若不將政權歸於一途，不將國體定於一格」，則「無所取捨，事業駁雜難成」。朝令夕改、朝秦暮楚，會導致企業和國家失去方向，陷入混亂。

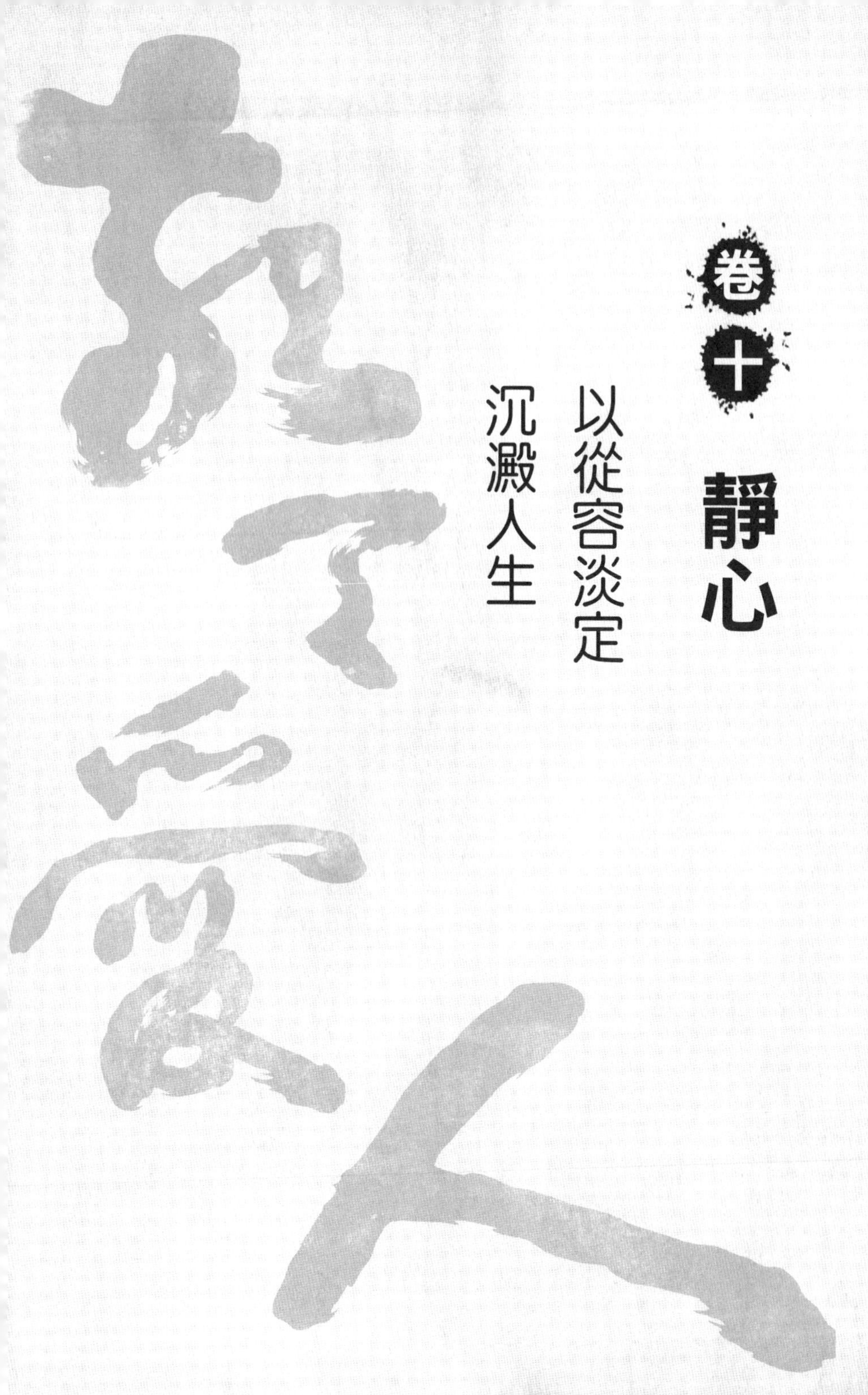

卷十 靜心

以從容淡定
沉澱人生

第三十四則

人生是場馬拉松，一個人只有擺脫了速成心理，耐住成功前的寂寞，重視一點一滴的積累，才能從量變達到質變。走好每一小步路，一步步地向前努力，才能最終達到自己的目的。

【遺訓】

志於道者，不貴偉業也。

出人意表逞一時之快，實未熟也，當戒。

【釋義】

立志於踐行天道的人，最好不要一味追求成就偉業。

做一些出人意料甚至嘩眾取寵的事，雖能逞一時之快，但這實際上是修行尚淺的表現，應當戒除。

專注於做好每件小事

一心渴望偉大、追求偉大，偉大卻了無蹤影；甘於平淡，認真做好每個細節，偉大往往不期而至。在西鄉看來，想要成功不能一心只追求做大事業，而要從小事做起。成功者不同於一般人之處就是善於從小事做起，無論大事小事都能靜下心來去做。也許日常事務多是一些小事，與我們所期待的理想相距甚遠，然而正是這種由小事累積起來的經驗和知識，為我們邁向下一個階段打下了堅實的基礎。

西鄉說，「志於道者，不貴偉業也」，成功的人是那些沉醉於做事的人，踏踏實實、不厭小事、不懼大事的精神最可貴；如果好高騖遠，再偉大的理想也只能是空中樓閣。西鄉曾立志成就偉業，但他同樣認真地做好每一件小事。在被流放期間，他成了一名老師，教授當地的孩子常規性課程，雖然他並不是專業的老師，但他仍然非常受人愛戴，這是因為西鄉不會看輕任何一件小事，總能做到最好。

現實生活中，很多成功者之所以成功，只不過是不以事小而堅持做了下去。一個人若是連分內小事都不能潛心做好，那麼我們很難期待他會有大作為。

當然我們在專注小事的同時也要注意把握整體，全面分析。就像下棋一樣，不能走一步算一步，要對棋局有整體的把握。既有志於偉業，又能處理好細節，這才是西鄉說的那些具備睿智的眼光和超凡遠見的人。

小事成就大事，細節決定成敗，一切偉大的事業都是從大處著眼、小處著手的。很多時候我們的成功並不取決於我們有多麼高的智商，而是取決於我們有沒有專注地做好一件件小事。

比爾·蓋茲的老師卡菲瑞先生曾經這樣回憶他的學生：「一九六五年，我在西雅圖景嶺學校圖書館擔任管理員。一天，有同事推薦一個四年級學生來圖書館幫忙，並說這個孩子聰穎好學。不久，一個瘦小的男孩來了，我先給他講了圖書分類法，然後讓他把已歸還卻放錯了位的圖書找出來並放回原處。

「小男孩問：『像是當偵探嗎？』我回答：『那當然。』接著，男孩穿梭於書架的迷宮中，休息時，他已找出了三本放錯地方的圖書。

「第二天他來得更早，而且更加努力。幹完一天的活後，他正式請求我讓他擔任圖書管理員。又過了兩個星期，他邀請我去他家做客。吃晚餐時，他的母親告訴我他們要搬家了，到附近一個住宅區。他十分擔心：『我走了誰來整理那些擺錯位置的書呢？』」

「我一直記掛著他，但沒過多久，他又在我的圖書館門口出現了，並欣喜地告訴我，那邊的圖書館不讓學生幹，他媽媽把他轉回我們這邊來上學，由他爸爸用車接送。『如果爸爸不帶我，我就走路來。』小男孩說。

「其實，我當時心裡便應該有數，這小傢伙決心如此堅定，又渾身充滿責任感，則天下無不可為之事。不過，我可沒想到他會成為資訊時代的天才、微軟公司大亨——比爾·

蓋茲。」

比爾・蓋茲對待圖書館工作這樣的小事，就已經表現出一種超乎同齡人的責任感，也就不奇怪他能在資訊時代叱吒風雲。

把每一件簡單的事做好就是不簡單；把每一件平凡的事做好就是不平凡。小事雖看起來簡單，但是把小事做到極致，也絕非易事。只有注重細節、留心細節，才能做好大事。小事是成大事的基礎，即使是在處理小事情、小細節時，也應以全部的精神灌注其中，力求完美。

耐住寂寞，沉心做事

耐不住寂寞和誘惑，常常令我們失去方向，無法沉心做事，始終登不上成功之船。一個人想成功，首先要經過一段艱難的過程，並在這個過程中積蓄力量，猶如種子在開花前奮力地汲取營養。用西鄉的話來說，做事不能逞一時之快，應耐心地等待和忍耐。

西鄉認為，做人切忌驕矜自誇、好大喜功，至於嘩眾取寵，更是不可取。俗話說，成熟稻穗頭低垂，做人不可驕矜自恃，而要學習成熟稻穗的謙恭自厚。

有些人被功名利祿誘惑，忽視了人生真正的意義；而那些能夠耐得住寂寞的人，卻能在寂寞中參透人生的玄機，悟出真理，這是人生的一種大境界。我們堅持奔跑，而不因為是否有掌聲而狂喜或沮喪，如此才能守住內心，從而給自己的生命以更加廣闊的天地。

法國昆蟲學家法布爾在他的巨著《昆蟲記》中，曾描寫過蟬從出生到死亡的全過程。蟬的生命期僅僅三十天，而為了這極短暫的三十多天的飛翔高鳴，它們的幼蟲要在泥土裡等待四年之久。在四年漫長的痛苦等待中，不得不經受各種自然災害的襲擊和天敵的入侵，最終存活下來才有化為蟬的機會。

這是大自然的規律。人生要想獲得成功，首先要能耐住寂寞，沉下心來做事。專心致志於一件事、努力勤奮工作的人，通過日常的精進，精神自然得到磨煉，進而形成厚德載物的品格。

西鄉還有一句名言：「匆促可敗事，踏實可成事。」稻盛和夫先生受西鄉的啟發，無論做人還是做企業都踏踏實實，耐心地堅持。稻盛和夫說，不能為了某個急功近利的目的而做事，要相信忍耐堅持的力量；做事可能一時遭遇困難，解決起來很棘手，但只要我們抱定一個信念，把最終目標始終清晰地放在心中，剩下的就只是沉心做事。

其實**成功就是簡單的事情重複做**。**每天進步一點點，日積月累就會發生「質變」**。那些能持之以恆、忘我工作的人，往往就是最後獲得成功的人。沉心做事，每天進步並不難，之所以有人不成功，不是他做不到，而是他不願意重複做那些簡單而微小的事情。

耐得住寂寞是一種寶貴的精神，耐不住寂寞是對人生的揮霍，再高尚的理想最終也只會在這揮霍中流逝。**這是一個充滿物欲與浮躁的時代，大多數人都在忙碌，沒有人留心你做什麼，也沒有人在意你想什麼。在我們做出成就之前，就要忍受心靈的寂寞孤獨，端正心態，抵禦時常襲來的誘惑。**學習像駱駝一樣相信沙漠的那邊是綠洲，對自己的理想持有堅定的信念。然後，一步一個腳印，走向希望的綠洲。

沉下心來，耐住成功前的寂寞，每一天都朝著理想出發，理想才會照進現實。

第三十五則

人生的道路漫長而又坎坷，一路走來，會有許多的牽絆與不捨，也讓我們憂慮而不堪重負。我們要學會微笑著面對，用執著和努力，把困難帶來的精神壓力化成前進的動力。順境也好，逆境也罷，對我們而言都是一種收穫。

【遺訓】

人者，事有擅否，物有成否，自然亦有心動搖之人。人行道，蹈道無擅否，亦無成否。故盡行道樂道，若逢艱難，凌之，愈行道樂道。

【釋義】

人有擅長的事也有不擅長的事，有做成的事也有力所不能及的事，當然也會有躑躅不前的時候。雖說如此，但人人都應當行正道，這是沒有擅長與否，成功與否的差別的。因此要盡可能履行正道，並樂於履行正道，倘若遭遇艱難挫折，能夠克服障礙，就會更加堅持正道並愈加樂於履行正道。

與其抱怨苦難，不如笑納一切

一顆沙裡看出一個世界，
一朵野花裡一座天堂，
把無限放在你的手掌上，
永恆在一剎那裡收藏。

這是梁宗岱先生翻譯的英國著名詩人布萊克的一首名作，詩中蘊涵的深意頗具東方氣韻。一沙一世界，一花一天堂，偉大的詩人總能從最平凡甚至苦難的事物中看到美與熱情。西鄉隆盛作為一位成功的政治家，也同樣擁有從風雨中看到彩虹的胸懷，他雖然身為日本武士時代的末路英雄，卻以自己的豁然大氣在亂世中活出了詩意。

在流放沖良島時期寄出的信中，西鄉提到自己全然沒有對被禁錮的生活表示抱怨。他十分自豪地寫到自己難得有這樣不受打擾的時光，因而能夠專注於學識的進益。

他讀書、練習書法，同時漸漸成為島上年輕人的教師，受到眾人愛戴。這一切描繪起來似乎非常美好，但根據一些資料記載，當時西鄉在島上被囚禁在僅容一個人活動的竹製牢籠中，火灶、廁所都在這個牢籠中，也就是說他不能出去，他的全部活動空間只有腳下的狹窄面積。食物很糟糕，也不能洗澡，很快他就變得蓬頭垢面。雖然不久之後，監守為他改換了囚室和生活條件，但西鄉依舊是室內軟禁的囚犯。而西鄉對此報以了異常豁達的態度，甚至還開玩笑說慶倖被囚禁的生活，因為它讓自己有機會成為一位學問家。就是在後來，西鄉也不曾對此表達過怨恨，只是慘不忍顧的囚籠生活，使得西鄉開始對東西方的刑律制度有了深刻的反思。

在這座充滿瘴氣的偏遠小島的囚室中，西鄉憑藉著頑強與豁達生存了下來，他常對自己說，如果遭遇艱難險阻，不問結果，力爭超越，淡然處之，就愈加樂於正道。西鄉的思想見解無不是從其切實的生命體會和對宇宙社會的深切思考中而來。

正所謂人生不如意十之八九，與其抱怨苦難，不如笑納一切，在艱難中才能鍛煉出人格的魅力。**讓不滿成為動力，遠比抱怨苦難更有益**。

人有悲歡離合，月有陰晴圓缺，此事古難全。人生中，煩惱艱辛、波瀾不平在所難免，而抱怨只會將自己的虛弱暴露給他人。從心理學來說，這屬於消極的心理，我們怎麼看環境，環境就怎樣反作用於我們。如果認為苦難扼制了我們，那就真的會受困於它了。苦海無邊，**智者懂得持以三種心態——不生氣、不抱怨、不灰心，積極樂觀面對人生**。

宋代大儒朱熹在《近思錄》中寫道：「人之於患難，只有一個處置。盡人謀之後，卻須泰然處之。」這說的就是如何面對人生困厄艱辛，即患難時的應對唯有盡力一途；盡人事聽天命，泰然處之。仔細回味西鄉之言，正是這個意思。人踐行大道，無所謂擅長或不擅長，不論結果如何，遭遇如何，都應當達觀前進，苦中得樂。

「失之東隅，收之桑榆」，苦難中也可以孕育美好與希望。斷臂的維納斯用缺憾的美震撼了世界，身殘的霍金用他的智慧改變了世界，遺憾也好，磨難也罷，若能樂觀面對，總能幻化為美麗的風景。

事在人為，在擠進幸福的大門之前，我們要做的便是不嗔不怨不灰心，苦難的背後往往有著無限的生機。內心膚淺的人往往在抱怨中讓機會流失，抓不住手邊的幸福。環境並不因我們的意願而改變，在環境與心境兩者間我們必須選擇改變一個。而聰明人與固執者的區別在於，前者更懂得用積極的心態面對逆境，這樣的人即便是做低微的工作，也會從中得到快樂與滿足。

抱怨困難是內心膚淺的表現，與其在世事煩惱中退縮，莫如淡看苦難艱辛，微笑著吟唱生活的詩篇，珍惜短暫歲月。這是西鄉真實完整的人生，也是他給予我們的啟示。

生活中，**再重的擔子，笑著也是挑，哭著也是挑；再不順的生活，微笑著撐過去了，就是勝利**。多笑一笑，你的人生會更飽滿，請讓自己微笑如花，只有具備了淡然如花的人生態度，困難和不幸才能被錘鍊成通向成功的階梯。

苦不入心，不忘微笑

人生的至境是不苦不樂，苦樂一同。我們應當去享受生命的盛宴，活在生命的苦樂之中。當我們快樂時，要想到快樂不是永恆的；當我們痛苦時，要想到痛苦只是暫時的，如此，以堅定的意念與愜意的苦修來對待喜樂與困厄，以從容淡定面對人生，如此也就是西鄉所說的行道樂道。

西鄉一生可以用「遺世獨立，備嘗艱辛」來形容，然而他一直都用實際行動踐行著自己的信念。當時，他與大久保利通等人政見相左，被迫脫離政治回到薩摩藩，但西鄉並未消極沮喪，而是積極投身教育，用另一種形式實現自己的報國理想。他在教育弟子們時多次以身說法，用自己的坎坷經歷告誡學生，大丈夫應努力做到行道樂道，順逆從容。要盡可能地履行正道，並樂於履行正道，在遭遇艱難挫折時，也要有從容面對的勇氣。這種精神被西鄉視為一種崇高的人生境界，但西鄉又恐弟子們擔心這一境界難以企及，於是又對學生們說，一旦有一次克服了障礙，你們就會更加堅持正道並愈加樂於履行正道。

這番話著實是西鄉肺腑之言。快樂絕不是自甘墮落，隨意懶散的享樂主義，人在追求快樂時也要擁有智慧，有了豁達的心境，更應有所作為才能將生命的苦澀完全遮罩在心門之外，痛苦與快樂也就沒了那麼明顯的區別，苦樂自在生活其中。

著名學者季羨林在隨筆中曾提起一段趣事：那個時候正是知識份子下鄉的時代，有一天，他們正在麥田裡背麥捆，突然一隻野兔從麥堆間躥了出來，大家先是一愣，隨即便放下手中的活，紛紛追趕兔子。一群人前擠後擁地追一隻兔子，場面「蔚為壯觀」。最後，這只兔子終於「落網」。那天，所有參與「追捕」的人的心情都格外明朗。這不過是一件再平常不過的事情，卻給枯燥乏味的生活平添了很多色彩。

在這樣細小瑣碎的事情中都能感受到快樂，那就沒有什麼苦痛是不能承受的。真正的強者和成功者都是懂得苦中作樂的人，季羨林如此，西鄉亦是如此。若一味地沉溺於痛苦之中，只會把心靈禁錮其中。身處困境仍不忘微笑，懂得苦不入心，才是智者所為。而想做到這一點，就要學會承受苦難，甚至享受苦難。

苦難並非生命中的敵人，它也擁有其自身的價值，蚌在痛苦中孕育美麗的珍珠，蛹在痛苦中蛻變為絢爛的蝴蝶。人生雖然充滿挫折與苦難，若能以一顆豁達樂觀的心靈則能凌駕於逆境之上，最終達到「行道樂道」的境界。

西方有位哲人在總結自己一生時說：「在我整整七十五年的生命中，我沒有過過四個星期真正的安寧。這一生只是一塊要時常推上去又不斷滾下來的崖石。」任憑窗外風雨大作，也要能於平淡苦厄之中孜孜不倦，苦中作樂。

俗話說人有百日好，花無千日紅。沒有風雨波折的人生不是完整的人生，**無論順境還是逆境，都從容面對；無論獲得還是失去，都平靜地接受。不管過去多麼慘澹，不管**

未來多麼輝煌，一切的過去都以現在為歸宿，一切的未來都以現在為起點。西鄉隆盛把苦難當成收穫，只要苦不入心，生命就會因它的錘鍊而更加堅韌。經歷重重痛苦，跨越千山萬水，生活才會更完美、更充實，也更有意義。

用駱駝精神堅守夢想

王國維在《人間詞話》裡說：「古今之成大事業、大學問者，必經過三種境界：『昨夜西風凋碧樹。獨上高樓，望盡天涯路』，此第一境也；『衣帶漸寬終不悔，為伊消得人憔悴』，此第二境也；『眾裡尋他千百度，驀然回首，那人卻在燈火闌珊處』，此第三境也。」第一境界「昨夜西風凋碧樹。獨上高樓，望盡天涯路」是說要有一顆甘於寂寞的心，甘於為事業獻身的人；第二境界「衣帶漸寬終不悔，為伊消得人憔悴」，在不斷的追求中費心費力，傾注自己的心血。第三境界「眾裡尋他千百度，驀然回首，那人卻在，燈火闌珊處」，在不斷地追求和付出中最終能夠看到成果而成大業。

駱駝象徵著吃苦耐勞和勤懇努力，更體現著執著、敬業、拚搏、進取的特質。堅守寂寞，堅持理想，以駱駝的精神矢志不渝地追求理想，是所有成就事業者遵循的一種原則。他們**以踏實、厚重、沉思的姿態作為特徵，以一種嚴謹、嚴肅、嚴峻的態度，追求著一種人生的目標**。西鄉一生幾番大起大落，但是在顛簸磨難中卻從未放棄雄心壯志。

他的身上除了強悍勇猛，還有一股駱駝般的堅忍精神。「若逢艱難，凌之」，寥寥幾字，西鄉的從容堅定便躍然眼前。堅守寂寞，堅持理想，正因為西鄉擁有這樣一股駱駝般的精神，他才能「行道樂道」。

有位哲人說過，對未來進行抗爭的人，才有面對寂寞的勇氣；在昔日擁有輝煌的人，才有不甘寂寞的感受。為了收穫而不惜辛勤耕耘、流血流汗的人，才有資格和能力享受寂寞。輕易被生活壓彎了腰的人，只能迎接落寞的結局。將目光放在遠方，路才在腳下。

奧斯．帕立舒是一個成功的企業家，但他從沒有認為自己完成了一切。他永遠向著下一個目標前進，一生都走在不斷自我挑戰的道路上。儘管他有口吃的毛病，但他每年都會在紐約大都會飯店舉辦一年一度的演講。到那時，偌大的會場總是擠滿了全國各大公司的經理，屏息斂氣地聽他分析市場現狀和未來趨勢。

他從不為取得的成績沾沾自喜，直到晚年，他仍能不斷想到人意料的新構思。每當別人為他取得的某個成就向他祝賀時，他都只會說：「不談那個，你聽聽我剛剛想到的一個構想。」在他九十四歲的時候，醫生告訴他的朋友，他將不久於人世，朋友趕緊給他打去電話。「嗨！」他的精神狀態非常好，「我又有了新的構想，是一個偉大的構想。」他簡要地說明了他那令人興奮的新目標，根本沒有提到死亡，只是盡情訴說他將如何實現這個新目標。兩天後，他因病情惡化去世。

奧斯·帕立舒孜孜不倦地堅守並積極地實現自己的夢想，一刻也不停息，這是駱駝精神的體現。

法國學者拉布呂耶爾曾這樣說過：「幾乎所有的不幸，都起因於我們無法一個人安安靜靜地坐在自己的房間裡。」每個人都在為自己的夢想奮鬥，這個過程漫長而枯燥。堅守寂寞，堅持理想，是所有成就事業者共同遵循的一個原則。它要求我們以一種嚴肅深刻又恬靜愜意的姿態，行走於艱難的路途之上。

西鄉也擁有從容堅定、樂觀豁達的心態，這是一種可貴的品格，不是與生俱來的，也不可能一成不變，而需要長期的磨煉與自我修養、完善。

第三十六則

人生是一種經歷，享受過程，回味快樂，就是真正的幸福。真正的快樂並不存在於結果中，我們在為結果奔忙的時候，一定不要忘了用心體驗過程的美好。

【遺訓】

從翁驅犬逐兔，跋涉山谷，終日狩獵。暮，投宿田家。浴畢，心曠神怡，悠然曰：「君子之心常如斯也。」

【釋義】

我曾經跟隨老翁驅犬逐兔，跋涉於山谷之間，終日狩獵。傍晚的時候，投宿於農家。沐浴完畢，頓覺心情舒暢，心曠神怡，便悠然自得地說：「君子之心常如此愜意吧。」

忙中抽身，靜濾思緒

生命最寶貴的意義在於「過程」，只有好好把握住現在，才能認真地過好每分鐘。鮮花明知會有凋謝的一天，但依然在開花的季節熱情奔放地綻開；碧玉般的溪水，明知泥沙俱下，卻依然映照蔚藍如洗的天空。世界是美麗的，但似乎所有的美麗都會轉瞬而逝，所以，有人哀傷，有人憂愁，有人歎息……他們停留在歲月的洪流中，不願離去，但其實生命的真諦不是傷春悲秋，而是用心體驗每個過程。

西鄉是那個時代的英雄，也是個智者。幾乎所有的資料記載都顯示，在西鄉退居鹿兒島後很快就投入到鹿兒島寧靜的生活中。據他的親人弟子回憶，這段期間，西鄉對於前來拜訪他的人一概採取淡漠的態度。他更喜歡和他的獵狗一同出門遊獵，接觸一些新鮮好玩的事物。當然，表面上的不問政事並不說明他此時已經完全成為一個鄉村獵手，但不容置疑的是他更願意把精力放在享受鹿兒島的寧靜生活上。

在他弟子記錄的這段文字中，我們看到了一個瀟灑的遊人：跟隨老翁驅犬逐兔，跋涉於山谷之間，終日狩獵。傍晚的時候，投宿於農家。沐浴完畢，頓覺心情舒暢，心曠神怡。

西鄉隆盛忠實於儒家思想，他的處世態度也從儒學中來。論語中記載過一段公西華描述自己內心憧憬的人生時說：「童子二三人，冠者五六人，浴乎沂，風乎舞雩，詠而歸。」孔子讚歎道：「吾與點也！」身高一百九十公分、文武雙全、奔走列國、汲汲以天下為己任的孔子，也對弟子描述的情景滿心嚮往。**西鄉所遵循的正是傳統儒家精神所宣導的精神追求，君子之樂即在平淡之中。**

在現代社會，我們拚命地在自己的生活與工作上加速，卻忽略了速度終究會達到極限，即便我們省出口渴的時間，堆積如山的工作也永遠處理不完。**在這個飛速運轉的社會，重要的不是我們如何快速運轉，而是協調好工作的時間限度和生命的時間節奏，誰能忙中抽身，不時地靜濾自己的思緒，誰就能在「慢」與「快」之間找到平衡。**

人生就像登山，應著重於攀登中的觀賞、感受與互動，如果忽略了沿途風光，就體會不到其中的樂趣了。人們最美的理想便是過上幸福生活，而幸福生活是一個過程，不是忙碌一生後才能到達的一個終點。

人們行色匆匆地奔走於人潮洶湧的街頭，浮躁之心頓生，這也是我們不去傾聽內心聲音的一個緣由。現代社會在追求效率和速度的同時，使我們逐漸喪失了作為一個人的優雅。恬靜如詩般的歲月對於現代人來說，已成為最大的奢侈，內心的聲音，便在這些繁忙與喧囂中被淹沒。

一個能夠安靜下來聆聽自己的人，知道如何配合別人，而別人相對地也會敬重他的風範，從中學習仰賴他。一個人的心愈是靜，他的成就、影響力愈大，力量愈持久。

在忙碌的生活中，抽一點時間讓自己忙碌的心安靜下來，目光時常能觀照內心的人，才能找到內心的平靜，讓思考更深入。

獨處時，泡一壺茶，靜心聆聽飄然若絮的古箏樂曲，那清淡古樸，典雅悠揚，至簡至潔的音樂，能讓你的內心如沐月光般變得明麗開朗起來。此刻，沉鬱的心情會得到放鬆，浮躁的心情會漸漸平靜，乾涸的心情也會變得濕潤。試著閉上眼睛，享受屬於你的自由恬靜的時光……

用知足的尺丈量生活

戊辰戰後，西鄉隆盛被任命為陸軍大將參議，成為明治政府的高層官員，但是滿腔熱血的西鄉和他的一些戰友很快意識到，他們浴血奮戰而建立起來的新政府已經漸漸背離了他們最初的政治理想。面對與大久保利通等人的政見不合，西鄉選擇了辭職隱退。在自己最輝煌的時候，西鄉回到了鹿兒島，並且很快地融入到家鄉無拘無束的恬靜生活中。儘管西鄉的退隱與他的抱負受挫有很大關係，但這並不妨礙他從退居生活中找到真實的快樂。

古人說「仁者樂山，智者樂水」，縱使世事艱辛，具有仁心智慧的君子也能在平凡生活中安享自在。西鄉的生平顛簸，卻可立即放下仕途的失意，過田園生活，足見其內在修養。

求利之心對於人類生活和事業不可或缺，但這種欲望應適可而止。如果放縱欲望，就是過分自私，到了一定階段，必將失敗。**罪惡沒有大過放縱欲望**，**禍患沒有大過不知滿足**，**過失沒有大過貪得無厭**，知道滿足的人，永遠覺得快樂。但現實中的人又有多少人能夠抓住自己所擁有的，從而不被利慾薰心，去追求一些明知不可得的東西？

西鄉隆盛教導他的弟子，人生需要一個引導自己走向正途的人生指南針，這個指南針就是自己的人生哲學，一個人本著什麼樣的人生哲學度過人生，有多大的欲望，將決定他的人格。如果人生哲學紮根不深，這棵人格之樹的枝幹不夠粗壯，也無法長成頂天立地的參天大樹。

然而，任何人生準則都會受到焦慮與懷疑的影響，都會遭遇難以控制的激情，難以抑制的悲傷。對此，我們要有自我約束，要告訴自己：知足常樂。名利非我願，能很好地把握自己的欲望，才不至於迷失，不至於好高騖遠而心力交瘁，才能從紛紜世事中解放出來，享受一份恬靜的快樂。

明朝有一個叫胡九韶的人，他家境貧困，一面教書，一面努力耕作，也僅僅可以溫飽。每天黃昏時，胡九韶都要到門口焚香，向天拜九拜，感謝上天賜給他一天的清福。妻子笑他說：「我們一天三餐都是菜粥，怎麼談得上是清福？」胡九韶說：「我首先慶倖生在太平盛世，沒有戰爭兵禍。又慶倖我們全家人都能有飯吃，有衣穿，不至於挨餓受凍。第三慶倖的是家裡床上沒有病人，監獄中沒有囚犯，這不是清福是什麼？」

懂得知足常樂，是抓住現有之物而不去追求得不到的東西，並不是安於現狀，不思進取。西鄉能放下一切，但他的內心始終都在孜孜不倦地追尋理想與志向，他所不贊成的是驕傲自滿的態度。他認為，人應該懂得如何努力達到最理想的境地，懂得自己該處於什麼位置，人應該學會透析自我，定位自我和放鬆自我。

我們之所以覺得心靈承受著無盡的累，是因為我們放大了自身的欲望，追逐著過多不屬於自己的東西。**用知足的眼光看人生，就會少了許多莫名的煩憂；用幸福的尺丈量生活，才會步履輕盈而灑脫**。

在物欲橫流的時代，我們可以像西鄉那樣，秉持一顆知足常樂的心，才不至於被現實壓得喘不過氣來。現代人匆匆的腳步已定格為一種時代的風景，競爭與挑戰接踵而至，在前進的道路上，當我們取得一些成績的時候，如果我們能樂由心生，那麼對待困難時，就會如陽光般明朗。

退隱後的西鄉隆盛徜徉在恬靜安寧的樸素生活中，昔日的功名都被他遺忘，從他的話中，我們感受到了智者的生活態度。

當我們對某物求而不得時，何不轉過頭來，欣賞一下自己擁有的東西，這樣就會感到無憂無慮，心曠神怡。在煩躁與喧囂中，過濾掉壓抑與深沉，沉澱出默契與親善，澄清本真與回歸，久而久之，自然會步伐輕盈，精力充沛。

西鄉隆盛年譜

西曆（年齡）	西鄉隆盛
一八二八年（出生）	出生於日本薩摩藩鹿兒島城下下加治屋町山。幼名西鄉小吉。
一八三五年（七歲）	改名為西鄉吉之介，開始在當地叫「鄉中」的社區學校接受教育。
一八四一年（十三歲）	行成人式，改名西鄉隆盛。
一八四四年（十六歲）	在藩擔任「郡方書役助」，做小辦事員的工作。
一八五二年（二十四歲）	與伊集院須賀（一位鹿兒島武士家庭的女兒）開始了一段婚姻，於兩年後結束。父親、母親先後去世。
一八五四年（二十六歲）	被提拔為開明派藩主島津齊彬的親信隨從，隨其住江戶（今東京），參與藩政，其政治主張得到島津齊彬的賞識，並參加公武合體運動（聯合天皇與幕府權力）。

一八五八年（三十歲）	島津齊彬暴病而亡，由島津忠義任藩主，實權掌握在其父島津久光手中。幕府興「安政大獄」，西鄉和朋友月照被勒令離開薩摩藩，兩人約定投海自盡。被救起時，月照已去世，西鄉生還。後西鄉被流放到奄美大島，在島上，他同愛家那（一個當地權勢家族的女兒）結婚，並育有一子一女。
一八六二年（三十四歲）	一八六二年二月十三日回到鹿兒島參與政治，後因其新主張「尊王攘夷」與島津久光政見不合，於六月十日被流放到德之島。在島上擔任教師，並閱讀了大量儒家著作。
一八六四年（三十六歲）	被召回藩，在京都掌握藩的陸海軍實權。
一八六六年（三十八歲）	在京都同長洲藩倒幕派領導人木戶孝允等人締結「薩長倒幕聯盟」密約。
一八六八年（四十歲）	與大久保利通、木戶孝允等人發動王政復古政變，推翻了德川幕府的統治，迫使德川幕府第十五代將軍德川慶喜交出政權，並由新即位的明治天皇頒佈「王政復古」詔書，史稱「明治維新」。 在同年的戊辰戰爭中任大總督參謀，指揮討幕聯軍，並取得了戰爭的勝利。因他在倒幕維新運動和戊辰戰爭中的功勛，在諸藩家臣中官位最高，受封最厚。

一八七〇年（四十二歲）	由於與大久保等人在內政方面的分歧，辭職回鹿兒島任薩摩藩藩政顧問，後任藩大參事，參與藩政改革。
一八七一年（四十三歲）	在東京就任明治政府參議。
一八七二年（四十四歲）	任陸軍元帥兼近衛軍都督。
一八七三年（四十五歲）	因堅持征韓論遭大久保利通等人反對，再次辭職回到鹿兒島，興辦「私學校」的軍事政治學校。
一八七七年（四十九歲）	被舊薩摩藩士族推為首領，發動反政府的武裝叛亂，史稱「西南戰爭」。九月二十四日兵敗，死於鹿兒島城山。

南洲翁遺訓：稻盛和夫最推崇的人生經營智慧

作　者	王光波
發行人	林敬彬
主　編	楊安瑜
責任編輯	陳亮均
助理編輯	黃亭維
內頁編排	于長煦（帛格有限公司）
封面設計	徐子偉（白日設計）
出　版	大旗出版社　行政院新聞局北市業字第1688號
發　行	大都會文化事業有限公司 11051台北市信義區基隆路一段432號4樓之9 讀者服務專線：(02)27235216 讀者服務傳真：(02)27235220 電子郵件信箱：metro@ms21.hinet.net 網　　址：www.metrobook.com.tw
郵政劃撥	14050529 大都會文化事業有限公司
出版日期	2013年03月初版一刷
定　價	280元
ISBN	978-986-6152-67-2
書　號	B130301

First published in Taiwan in 2013 by Banner Publishing,
a division of Metropolitan Culture Enterprise Co., Ltd.

4F-9, Double Hero Bldg., 432, Keelung Rd., Sec. 1, Taipei 11051, Taiwan
Tel: +886-2-2723-5216　Fax: +886-2-2723-5220
Web-site: www.metrobook.com.tw
E-mail: metro@ms21.hinet.net

大旗出版 BANNER PUBLISHING

國家圖書館出版品預行編目資料

南洲翁遺訓：稻盛和夫最推崇的人生經營智慧 / 王光波著. -- 初版. -- 臺北市，大旗出版：大都會文化發行，2013. 03
288 面；14.8×21 公分.

ISBN 978-986-6152-67-2（平裝）

1.人生哲學　2.通俗作品

191.9　　102001108

讀者服務卡

書名：**南洲翁遺訓：稻盛和夫最推崇的人生經營智慧**

謝謝您選擇了這本書！期待您的支持與建議，讓我們能有更多聯繫與互動的機會。

A. 您在何時購得本書：______年______月______日

B. 您在何處購得本書：____________書店，位於____________(市、縣)

C. 您從哪裡得知本書的消息：

1.□書店　2.□報章雜誌　3.□電台活動　4.□網路資訊

5.□書籤宣傳品等　6.□親友介紹　7.□書評　8.□其他

D. 您購買本書的動機：（可複選）

1.□對主題或內容感興趣　2.□工作需要　3.□生活需要

4.□自我進修　5.□內容為流行熱門話題　6.□其他

E. 您最喜歡本書的：（可複選）

1.□內容題材　2.□字體大小　3.□翻譯文筆　4.□封面　5.□編排方式　6.□其他

F. 您認為本書的封面：1.□非常出色　2.□普通　3.□毫不起眼　4.□其他

G. 您認為本書的編排：1.□非常出色　2.□普通　3.□毫不起眼　4.□其他

H. 您通常以哪些方式購書：(可複選)

1.□逛書店　2.□書展　3.□劃撥郵購　4.□團體訂購　5.□網路購書　6.□其他

I. 您希望我們出版哪類書籍：（可複選）

1.□旅遊　2.□流行文化　3.□生活休閒　4.□美容保養　5.□散文小品

6.□科學新知　7.□藝術音樂　8.□致富理財　9.□工商企管　10.□科幻推理

11.□史地類　12.□勵志傳記　13.□電影小說　14.□語言學習（_____語）

15.□幽默諧趣　16.□其他

J. 您對本書(系)的建議：

____

K. 您對本出版社的建議：

____

讀者小檔案

姓名：______________ 性別：□男　□女　生日：____年____月____日

年齡：□20歲以下 □21～30歲 □31～40歲 □41～50歲 □51歲以上

職業：1.□學生 2.□軍公教 3.□大眾傳播 4.□服務業 5.□金融業 6.□製造業
7.□資訊業 8.□自由業 9.□家管 10.□退休 11.□其他

學歷：□國小或以下 □國中 □高中／高職 □大學／大專 □研究所以上

通訊地址：____

電話：（H）______________（O）______________ 傳真：______________

行動電話：__________________E-Mail：______________________________

◎謝謝您購買本書，也歡迎您加入我們的會員，請上大都會文化網站 www.metrobook.com.tw 登錄您的資料。您將不定期收到最新圖書優惠資訊和電子報。

北區郵政管理局
登記證北台字第9125號
免貼郵票

大都會文化事業有限公司

讀者服務部　收

11051台北市基隆路一段432號4樓之9

寄回這張服務卡〔免貼郵票〕
您可以：
◎不定期收到最新出版訊息
◎參加各項回饋優惠活動

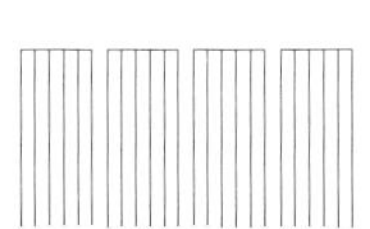

大旗出版
BANNER PUBLISHING

大旗出版
BANNER PUBLISHING